유카쌤이 알려주는

진짜
일본어

대표 문장
390

유카쌤이 알려주는

진짜
일본어

대표 문장
390

초판 1쇄 발행 2024년 8월 28일

지은이 무라카미 유카 · 시원스쿨어학연구소
펴낸곳 (주)에스제이더블유인터내셔널
펴낸이 양홍걸 이시원

홈페이지 japan.siwonschool.com
주소 서울시 영등포구 영신로 166 시원스쿨
교재 구입 문의 02)2014-8151
고객센터 02)6409-0878

ISBN 979-11-6150-873-3
Number 1-311301-23230023-08

유카쌤이 알려주는
진짜 일본어

대표 문장
390

무라카미 유카·
시원스쿨어학연구소 지음
유미희 번역

자연스러운 일본어 말투를 배울 수 있어요!
일본어로 감정을 표현할 수 있어요!

S 시원스쿨닷컴

이 책의 구성 및 활용법

PART 1

STEP1 점검 포인트

각 Unit에서 배울 표현을 확인합니다. 한국인이 실수하기 쉬운 표현과 올바른 표현을 한눈에 알 수 있습니다.

STEP2 알려줘요, 유카쌤!

학습자들이 실수하기 쉬운 일본어 표현을 원어민 선생님이 올바르게 교정해 줍니다.

PART 2

STEP1 점검 포인트

일본인들이 실제 회화에서 자주 쓰는 표현들을 다룹니다. Q&A대화문을 보며 각 Unit에서 배울 표현을 미리 확인합니다.

STEP2 알려줘요, 유카쌤!

많은 학습자들이 궁금해하는 일본인들이 자주 쓰는 표현을 원어민 선생님이 명쾌하게 알려줍니다.

STEP3 상황 속에서 연습하기

학습한 표현이 실제 상황에서 어떻게
쓰이는지, 활용도 높은 예문을 통해 확
인할 수 있습니다.

STEP4 실전 말하기

앞에서 배운 표현이 사용된 대화문으로
다시 한번 복습할 수 있습니다.

STEP3 상황 속에서 연습하기

학습한 표현을 활용하여 짤막한 AB대
화문으로 구성하였습니다. 실생활에서
바로 활용할 수 있는 표현을 연습할 수
있습니다.

STEP4 실전 말하기

일본인들이 실제 회화에서 자주 쓰는
표현을 담은 대화문을 통해 앞에서
배운 내용을 복습할 수 있습니다.

PART 3

STEP1 점검 포인트

일본어 맞장구 표현, 쿠션어 등 회화를 더욱 풍성하게 만들어 주는 표현들로 구성하였습니다.

STEP2 알려줘요, 유카쌤!

원어민 선생님의 설명과 함께 개념을 정리할 수 있으며, 각 Unit에서 다루는 메인 표현과 유사한 표현까지 추가적으로 익힐 수 있습니다.

이 책 100% 활용법

책으로 개념 정리

한국인이 실수하기 쉬운 표현과 일본인이 자주 쓰는 표현들을 집중적으로 익힙니다.

영상으로 한 번 더

학습한 표현을 원어민이 어떻게 사용하는지 QR 코드 속 영상을 보며 확실하게 이해합니다.

STEP3 상황 속에서 연습하기

학습한 표현을 활용하여 짤막한 AB대화문으로 구성하였습니다. 메인 표현과 유사한 표현에 대한 대화까지 연습할 수 있습니다.

STEP4 실전 말하기

동일한 표현을 다양하게 사용한 대화문으로, 한 가지 표현을 여러 가지 방식으로 말할 수 있습니다.

원어민 MP3로 한 번 더

내 것으로 굳히기

원어민의 음성이 담긴 MP3를 듣고 따라 읽으며 듣기와 말하기 연습을 합니다.

학습한 표현을 소리 내어 말하며 완전히 내 것으로 만듭니다.

이 책의 목차

| PART 2 | 교과서에서는 알려주지 않는 진짜 일본어 표현 | |

* 특별 부록

원어민 MP3 음원 🎧

원어민의 정확한 발음을 들으며 반복해서 따라 말해 보세요.

음원 다운로드 방법
시원스쿨 일본어 홈페이지(japan.siwonschool.com) 로그인 > 학습지원센터 > 공부자료실 > 도서명(유카쌤 이 알려주는 진짜 일본어 대표 문장 390) 검색 후 무료 로 다운로드 받으실 수 있습니다.

무료 동영상 강의 ▶️

원어민 선생님이 쉽게 알려주는 강의 영상을 보며 공부해 보세요.

영상 재생 방법
각 Unit의 상단 QR코드를 스캔하면 시청할 수 있습니다.

PART
1

한국인이 틀리기 쉬운
일본어 표현

강의 영상 01

처음 만난 사람에게 말하면 실례가 되는

どうぞ、よろしく

 **점검 포인트**

01-1.mp3

> ⚠️ どうぞ、よろしく。 아무쪼록, 잘.
> ▸ 처음 만난 사람에게 말하는 건 실례예요.
>
> ✓ どうぞ、よろしく お願(ねが)いします。 아무쪼록, 잘 부탁합니다.
> ▸ 처음 만난 사람에게 말할 때도 쓸 수 있는 정중한 표현이에요.

알려줘요, 유카쌤!

 엇, 「どうぞ、よろしく(아무쪼록, 잘)」라는 표현은 잘 안 쓰나요?

 맞아. 「どうぞ(아무쪼록)」나 「よろしく(잘)」 둘 다 자주 사용하지만 「どうぞ、よろしく(아무쪼록, 잘)」처럼 두 단어를 붙여서 같이 사용하는 경우는 거의 없어.

 그럼, 뭐라고 해요?

 가장 좋은 건 「どうぞ、よろしくお願(ねが)いします(아무쪼록, 잘 부탁합니다)」야.

 「どうぞ、よろしく(아무쪼록, 잘)」라고 말하면 상대방은 어떻게 생각해요?

 만약 첫 만남에서 「どうぞ、よろしく(아무쪼록, 잘)」라고만 하면 '뭐야, 이 사람, 왜 이리 거만해?'라고 생각할 수 있으니까 주의해야 해.

🔊 01-2.mp3

반말 표현

상황1 팀장님이 새로 입사한 신입사원에게

아무쪼록, 잘.

> どうぞ、よろしく。

상황2 처음 입학한 중학교에서 옆 자리 친구에게

나는 기무라야. **아무쪼록, 잘.**

> 木村だよ。どうぞ、よろしく。

정중한 표현

상황3 처음 만난 거래처 사람에게

앞으로도 **아무쪼록, 잘** 부탁합니다.

> これからもどうぞ、よろしくお願いします。

새단어 これからも 앞으로도

이름을 물을 때 쓰지 않는

名前は何ですか？
<small>な まえ　　なん</small>

 점검 포인트

🔊 02-1.mp3

⚠️ 名前は何ですか？   이름이 뭐예요?   ▸ 이름을 물을 때 사용하지 않는 표현이에요.
<small>な まえ　　なん</small>

✅ お名前をお伺いしても よろしいでしょうか？   성함을 여쭤봐도 될까요?   ▸ 이름을 물을 때 사용하는 정중한 표현이에요.
<small>な まえ　　　うかが</small>

 알려줘요, 유카쌤!

 사실 일본인들끼리 대화할 때 「名前は何ですか(이름이 뭐예요)」라고 묻는 경우는 거의 없어.
<small>な まえ　　なん</small>

 그래요? 그럼, 「お名前は……？(성함은……？)」라고 묻는 건 어때요..?
<small>な まえ</small>

 그렇게 물어볼 때는 다짜고짜 「お名前は！？(성함은!?)」라고 하는 것 보다 조금 죄송스러운 듯한 표정으로 「お名前は……？(성함은……?)」라고 묻는 게 좋아.
<small>な まえ</small>

 상대방의 이름을 묻고 싶을 때 쓸 수 있는 또 다른 표현이 있을까요?

 응, 조금 길긴 한데 「お名前をお伺いしてもよろしいでしょうか？(성함을 여쭤봐도 될까요?)」라고 하면 돼.
<small>な まえ　　　うかが</small>

상황 속에서 연습하기

🔊 02-2.mp3

정중한 표현

상황1 호텔 직원이 예약한 손님에게

실례합니다. 성함을 여쭤봐도 될까요?

> すみません。お名前（なまえ）をお伺（うかが）いしてもよろしいでしょうか？

상황2 식당에서 점원이 예약한 손님에게

성함은……?

> お名前（なまえ）は……？

상황3 새로 들어간 동아리에서 동아리 부원에게

실례합니다만, 성함은……?

> 失礼（しつれい）ですが、お名前（なまえ）は……？

새 단어 名前（なまえ） 이름 | 伺（うかが）う '묻다・듣다(聞（き）く)'의 겸양어 | 失礼（しつれい） 실례

자기 소개할 때 쓰지 않는 ^{わたし}私は……

はじめまして。私は村上です。
^{わたし} ^{むらかみ}

 **점검 포인트**

🔊 03-1.mp3

⚠️	はじめまして。 私は村上です。 <small>わたし　むらかみ</small>	처음 뵙겠습니다. 저는 무라카미입 니다.	▸ 자기 이름을 말할 때 「私は…… (저는……)」를 붙이면 부자연스러워요. <small>わたし</small>
✅	はじめまして。 村上です。 <small>むらかみ</small>	처음 뵙겠습니다. 무라카미입니다.	▸ 자기 이름을 말할 때는 「私は…… (저는……)」를 붙이지 않는 것이 자연스러워요. <small>わたし</small>

 알려줘요, 유카쌤!

 어, 이건 어디가 이상하다는 거죠?

 자기 이름을 말할 때 이름 앞에 「私は……(저는……)」를 붙이는 경우는 거의 없어.
나에 대해 얘기하는 건데 내 이름 말고 뭐가 있겠어.

 몰랐어요. 「私は……(저는……)」를 붙이면 부자연스러운 거군요.
근데 「私は……(저는……)」를 사용하는 경우도 있지 않나요?

 맞아. 강조해서 말하고 싶을 때는 「私は……(저는……)」를 사용해.
예를 들어 다른 사람을 소개하다가 나를 소개할 때, 'M 씨는 학생입니다. 저는 교사이고요.'라고
하거든. 이럴 때는 「私は……(저는……)」를 붙이는 게 좋지.

상황 속에서 연습하기

「私は (저는)」를 붙이지 않는 상황

상황1 새로 입사한 회사에서 입사 동기에게

처음 뵙겠습니다. **기무라입니다.**

はじめまして。木村です。

상황 2 전학간 학교에서 자기 소개를 할 때

처음 뵙겠습니다. **요시다입니다.** 아무쪼록, 잘 부탁합니다.

はじめまして。吉田です。どうぞ、よろしくお願いします。

「私は (저는)」를 붙이는 상황

상황 3 남편과 본인을 동시에 소개할 때

남편은 일본인이고, **저는** 한국인입니다.

夫は日本人で、私は韓国人です。

새 단어 夫 남편 | 日本人 일본인 | 韓国人 한국인

출신을 물을 때 쓰면 실례가 되는

あなたは何人(なにじん)ですか？

 **점검 포인트**

🔊 04-1.mp3

| ⚠️ あなたは何人(なにじん)ですか？ | 당신은 어느 나라 사람입니까? | ▸ 출신을 물을 때 쓰면 실례가 될 수 있어요. |
| ✅ どちらの方(かた)ですか？ | 어디 분이세요? | ▸ 출신을 물을 때 쓸 수 있는 정중한 표현이에요. |

알려줘요, 유카쌤!

 헉, 이건 자주 쓰는 말인데요!

 이 말이 엄청 실례라는 건 아니야. 다만 다른 표현을 쓰는 게 더 좋은 인상을 준다는 거지. 「何人(なにじん)ですか(어느 나라 사람입니까)」라고 물으면 '나는 ~사람인데 당신은 다른 나라 사람이죠?' 라는 식으로 들릴 수가 있거든.

 그럼, 어떻게 물어봐야 정중한 거예요?

 「どちらの方(かた)ですか？(어디 분이세요?)」 라든가 「お国(くに)はどちらですか？(어느 나라에서 오셨어요?)」라고 물으면 좀 더 예의 바른 인상을 줄 수 있지.

「どちらの方(かた)ですか？(어디 분이세요?)」라는 질문은 일본인들끼리 출신지를 물어볼 때도 사용해. 「ご出身(しゅっしん)はどちらですか？(어디 출신이세요?)」도 자주 사용하고.

 근데 유카 쌤은 어디 출신이세요?

 神戸(こうべ)やで〜！(고베여~!) * '〜やで'는 고베 사투리. '神戸(こうべ)だよ(고베야)'라는 뜻

정중한 표현

상황1 팀장님이 새로 입사한 신입사원에게

기무라 씨는 어디 분이세요?

木村^{きむら}さんはどちらの方^{かた}ですか？

상황2 유학생 모임에 참석한 외국인 학생에게

어느 나라에서 오셨어요?

お国^{くに}はどちらですか？

상황3 새로 입사한 회사에서 입사 동기에게

어디 출신이세요?

ご出身^{しゅっしん}はどちらですか？

새 단어 方^{かた} 분 | 国^{くに} 나라 | 出身^{しゅっしん} 출신

강의 영상 05

나이를 물을 때 쓰면 실례가 되는

何歳ですか？
なんさい

점검 포인트

🔊 05-1.mp3

⚠️ 何歳ですか？
   なんさい

몇 살입니까?

▸ 나이를 물을 때 쓰면 실례가
  될 수 있어요.

✅ 失礼ですが、年齢を
   しつれい   ねんれい
   お伺いしてもよろしい
   うかが
   でしょうか？

실례지만, 나이를
여쭤봐도 될까요?

▸ 나이를 물을 때 쓸 수 있는
  정중한 표현이에요.

알려줘요, 유카쌤!

 이건 「名前は何ですか(이름이 뭐예요)」라고 묻지 않는 것과 비슷하네요.
            なまえ なん

 맞아! 이름이나 나이는 상대방에게 소중한 정보니까 물어볼 때 정중하면 정중할수록 좋아.

 「失礼ですが……(실례지만……)」라는 말을 앞에 꼭 붙여야 돼요?
            しつれい

 나이를 물을 때는 「失礼ですが…(실례지만…)」를 앞에 붙이는 게 좋아.
                    しつれい

 나이를 묻는 건 실례군요.

 다 그런 건 아니지만 나이 묻는 걸 싫어하는 사람도 있으니까 앞에 「失礼ですが……(실례지
                                                              しつれい
만……)」를 붙이는 게 정중하고 좋지.

상황 속에서 연습하기

🔊 05-2.mp3

반말 표현

상황1 할머니가 놀이터에서 놀고 있는 아이에게

몇 살이니?

なんさい
何歳？

상황2 직장 후배의 자녀 나이를 물을 때

딸은 몇 살이야?

むすめ なんさい
娘は何歳？

정중한 표현

상황3 소개팅 자리에서 상대방의 나이를 물을 때

실례지만, 기무라 씨 나이를 여쭤봐도 될까요?

しつれい　　　　　きむら　　ねんれい　　　うかが
失礼ですが、木村さんの年齢をお伺いしてもよろしいでしょうか？

새 단어
さい　　　　　　ねんれい　　　　　　　うかが　　　　　　き　　　　　　　　　　むすめ
~歳 ~살, ~세 | 年齢 나이, 연령 | 伺う 여쭙다('묻다(聞く)'의 겸양어) | 娘 딸

강의 영상 06

친구에게 인사할 때는 사용하지 않는

こんにちは！

 **점검 포인트**

🔊 06-1.mp3

⚠️ **ゆかちゃん、こんにちは！**　　유카 짱, 안녕!　　▸ 친구에게 인사할 때는 こんにちは를 사용하지 않아요.

✅ **ゆかー！**　　유카~!　　▸ 친구에게 인사할 때는 이름만 부르는 것이 자연스러워요.

 알려줘요, 유카쌤!

 「こんにちは」는 가장 많이 사용하는 인사말인 줄 알았는데요….

 인사말에는 「おはようございます(아침 인사)」、「こんにちは(점심 인사)」、「こんばんは(저녁 인사)」 이렇게 3가지가 있잖아. 근데 사실 이 인사말들은 친구한테는 사용하지 않아.

 아, 그렇군요. 그럼, 친구한테는 뭐라고 하면 돼요?

 학교나 길에서 우연히 친구를 만났을 때는 「ゆかー！(유카~!)」하고 이름만 부르면 돼.

 친구한테는 「こんにちは」라고 하지 않는군요.

 맞아. 「お！何してるの？(오! 뭐해?)」라든가 「ゆか！どこ行くの？(유카! 어디 가?)」라고 하는 경우도 있고.
단, 「おはようございます(아침 인사)」는 「おはよう」라고 짧게 말하면 친구한테도 쓸 수 있어.

상황 속에서 연습하기

윗 사람에게 인사할 때 사용하는 표현

상황1 아침에 학교에서 선생님을 마주쳤을 때

선생님, 안녕하세요!

先生、おはようございます！

상황2 이웃집 아주머니를 마주쳤을 때

안녕하세요!

こんにちは！

친구에게 인사할 때 사용하는 표현

상황3 길에서 우연히 친구 ゆか를 만났을 때

유카! 어디 가?

ゆか！どこ行くの？

새 단어 先生 선생님

Unit 07

강의 영상 07

회사에서는 잘 쓰지 않는

こんにちは / こんばんは

 점검 포인트

◀ 07-1.mp3

⚠	こんにちは。/ こんばんは。	안녕하세요.	▸ 회사에서는 잘 안 쓰는 인사말이에요.
✅	お疲^{つか}れ様^{さま}です。	수고 많으십니다.	▸ 회사에서 자주 쓰는 기본적인 인사말이에요.

 **알려줘요, 유카쌤!**

 회사에서 쓰는 기본적인 인사말은 「お疲^{つか}れ様^{さま}です(수고 많으십니다)」야.
「こんにちは(점심 인사)」、「こんばんは(저녁 인사)」는 안 써.

 수고하지 않은 경우에도 「お疲^{つか}れ様^{さま}です(수고 많으십니다)」라고 해요?

 응. 수고하지 않아도 회사에서는 「お疲^{つか}れ様^{さま}です(수고 많으십니다)」라고 해야 돼!
「お疲^{つか}れ様^{さま}です(수고 많으십니다)」라는 말은 진짜로 수고를 했는지 안 했는지를 떠나서
'열심히 하시네요. 같이 힘내요.'라는 마음을 담아 하는 말이거든.

 좋은 말이네요.

 일이 끝나고 집에 갈 때는 과거형으로 「お疲^{つか}れ様^{さま}でした(수고 많으셨습니다)」라고 하는 경우가
많아. 참, 회사에서 「こんにちは(점심 인사)」、「こんばんは(저녁 인사)」는 쓰지 않지만,
「おはようございます(아침 인사)」는 써도 괜찮아. 아침에 출근하면 먼저 「おはようございま
す(아침 인사)」라고 인사하면 돼.

 **상황 속에서 연습하기**

회사에서 사용하는 인사 표현

상황1 회사에서 팀장님을 마주쳤을 때

수고 많으십니다.

> お疲れ様です。

상황2 퇴근하기 전 동료에게

수고 많으셨습니다!

> お疲れ様でした！

상황3 아침에 상사에게 인사할 때

안녕하세요!

> おはようございます！

새 단어 会社 회사

강의 영상 08

친구와 헤어질 때는 사용하지 않는

さようなら

 점검 포인트

◀)) 08-1.mp3

| ⚠ さようなら。 | 안녕히. | ▸ '영원히 안녕'이라는 뉘앙스가
있어 친구와 헤어질 때는 쓰지
않는 표현이에요. |
| ✔ ばいばーい！ | 잘 가! | ▸ 친구와 헤어질 때 자주 쓰는
표현이에요. |

 알려줘요, 유카쌤!

 엇, 근데 선생님은 항상 「さようなら(안녕히)」라고 하시잖아요!

 「さようなら(안녕히)」는 학교 선생님이 귀가하는 학생들에게 사용하는 인사말이야.
일상생활에서 「さようなら(안녕히)」라고 인사하는 경우는 거의 없어.
특히 친구에게는 절대로 안 쓰지.

 아, 그래요? 헤어질 때 항상 쓸 수 있는 표현인 줄 알았어요.

 「さようなら(안녕히)」라는 말은 '앞으로도 쭉 안녕'이라는 느낌이거든. 그래서 드라마나 영화를 보면 애인이랑 헤어지는 장면에서 '우리 이제 그만 만나요. さようなら. 잘 가요.' 이런 대사를 들을 수 있지.

 그럼, 친구랑은 뭐라고 하면서 헤어져요?

 친구한테는 보통 「ばいばーい！(잘 가!)」, 「じゃあね！(그럼 안녕!)」, 「また明日（あした）！(내일 봐!)」라고 하면 돼.

상황 속에서 연습하기

선생님이 귀가하는 학생들에게 인사할 때 사용하는 표현

상황1 종례 후 선생님이 학생들에게

안녕히.

さようなら。

친구와 헤어질 때 사용하는 표현

상황2 저녁 식사 후 친구와 헤어질 때

그럼 안녕!

じゃあね！

상황3 학교 끝나고 친구와 헤어질 때

내일 봐!

また明日！

새 단어 明日 내일

친구에게 '고맙다'는 말을 들었을 때, 대답으로 사용하지 않는

どういたしまして

점검 포인트

🔊 09-1.mp3

⚠️ **どういたしまして。** 　천만에요.　▸ 너무 정중한 느낌의 말이라
친구에게는 쓰지 않는 표현이에요.

✅ **うん。** 　응.　▸ 친구에게 '고맙다'는 말을
들었을 때 쓰는 표현이에요.

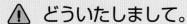
알려줘요, 유카쌤!

「ありがとう(고마워)」랑「どういたしまして(천만에요)」는 세트 아니에요?

감사 인사를 들었을 때「どういたしまして(천만에요)」라고 하는 건 맞아.
근데 사실 친구한테는 잘 안 써.「どういたしまして(천만에요)」는 너무 정중한 느낌이 들거든.

그렇구나. 그럼 친구한테는 뭐라고 해요?

친구가「ありがとう(고마워)」라고 하면 그냥「うん(응)」이라고 하면 돼.
「ううん(아니야)」、「はーい(네에)」이런 식으로 대답하는 경우도 많고.

그럼, 친구 이외의 사람들에겐 보통 뭐라고 대답해요?

친구 이외의 사람들에겐「いいえ(아닙니다)」、「いえいえ(아니에요)」、「はい(네)」、
「とんでもないです(별 말씀을요)」라고 하면 돼.

반말 표현

상황1 책을 빌리며 고맙다고 하는 친구에게

응.

> うん。

정중한 표현

상황2 짐을 들어줘서 고맙다고 하는 할머니에게

천만에요!

> どういたしまして！

상황3 일을 도와줘서 고맙다고 하는 상사에게

별 말씀을요!

> とんでもないです！

애매하게 거절할 때는

すみません、ちょっと……

점검 포인트

🔊 10-1.mp3

⚠️ すみません、
ちょっと……

죄송하지만, 좀……

▸ 거절할 때 쓰기에는 애매한 표현이에요. 상대방의 기분을 상하게 할 수도 있어요.

✅ すみません＋理由
＋お礼

죄송합니다+이유
+감사 인사

▸ 이유를 대며 확실하게 거절한 후, 감사 인사를 덧붙이는 것이 예의 있는 거절방법이에요.

すみません、今日は用事があるので行けません。でも、ありがとうございます。
죄송합니다, 오늘은 일이 있어서 갈 수 없어요. 그래도, (물어봐 주셔서) 감사합니다.

알려줘요, 유카쌤!

초급반에서 배운 거절 방법이네요. 일본인들은 딱 잘라 거절하는 경우가 거의 없으니까 이렇게 거절하는 게 제일 좋은 방법 아닌가요?

그렇긴 한데 너무 애매한 느낌이야. 「すみません、ちょっと……(죄송하지만, 좀……)」라고 하면 '좀, 뭐……?'라고 생각할 수 있거든. 이유를 대며 확실하게 거절하는 것이 상대방도 기분 나쁘지 않을 거야. 그리고 마지막에 감사 인사도 덧붙이고.

생각보다 확실하게 거절하네요.

그렇지. 「すみません、今日は用事があるので行けません。でも、ありがとうございます(죄송합니다, 오늘은 일이 있어서 갈 수 없어요. 그래도, (물어봐 주셔서) 감사합니다)」이런식으로 '죄송합니다 + 이유 + 감사 인사'로 거절하면 돼.

예의 있는 거절 표현

상황1 함께 회식하러 가자고 하는 동료에게

죄송합니다, 오늘은 몸 상태가 좋지 않아서 갈 수 없어요.
그래도, (물어봐 주셔서) 감사합니다.

> すみません、今日は体調が悪くて行けません。
> でも、ありがとうございます。

상황2 주말에 같이 영화를 보자고 하는 선배에게

죄송합니다, 다음주에 시험이 있어서 주말에는 공부할 거예요.
연락 감사합니다.

> すみません、来週テストがあるので週末は勉強します。
> 連絡ありがとうございます。

상황3 다음에 또 만나자고 하는 소개팅 상대방에게

죄송합니다, 그 날은 선약이 있어서…… 메시지 감사합니다.

> すみません、その日は先約があるので……。
> メッセージありがとうございます。

새 단어 理由 이유 | お礼 감사 인사, 사례 | 用事 일, 용건 | でも 그래도 | 体調 몸 상태 | 悪い 좋지 않다, 나쁘다 | 来週 다음주
週末 주말 | 連絡 연락 | 日 날, 날짜 | 先約 선약

Unit 11

강의 영상 11

차가운 인상을 줄 수도 있는

結構です

 **점검 포인트**

🔊 11-1.mp3

⚠️ 結構です。	됐습니다.	▸ 상대에게 조금 차가운 인상을 줄 수 있는 표현이에요. 상대가 권유한 것이 정말로 필요하지 않을 때 사용하는 표현이에요.
✅ ありがとうございます。でも大丈夫です。	감사합니다. 그렇지만 괜찮습니다.	▸ 부드럽게 거절하는 표현이에요.

 알려줘요, 유카쌤!

 이건 정중하게 거절하는 표현 아니에요?

 음……, 말투에 따라 다르긴 하지만 조금 차가운 느낌이랄까.

 그래요?

 응. 그렇지만 이 말도 「ありがとうございます(감사합니다)」같은 감사 인사와 함께 사용하면 느낌이 확 달라져.
「ありがとうございます。でも結構です(감사합니다. 그렇지만 됐습니다)」라든가
「ありがとうございます。でも大丈夫です(감사합니다. 그렇지만 괜찮습니다)」라고 하면 부드러운 표현이 되지.

 그럼 「結構です(됐습니다)」는 쓸 일이 없는 표현인가요?

 음……. 상대방이 권한 것이 정말 필요 없다고 말하고 싶을 땐 「結構です(됐습니다)」가 딱이지.

상황 속에서 연습하기

차가운 느낌의 거절 표현

상황1 디저트를 권하는 레스토랑 직원에게

아……, 디저트는 **됐습니다.**

> あ……、デザートは結構です。

부드러운 거절 표현

상황2 배가 부른데 간식을 나눠주는 친구에게

고마워. 그렇지만 괜찮아.

> ありがとう。でも大丈夫。

상황3 새로 나온 제품을 추천하는 화장품 매장 직원에게

감사합니다. 그렇지만 됐습니다.

> ありがとうございます。でも結構です。

새 단어 結構 됐음, 괜찮음 | でも 그렇지만 | デザート 디저트

Unit 12

강의 영상 12

선생님이나 상사에게 쓰면 안 되는

今ひまですか？

점검 포인트

🔊 12-1.mp3

⚠️ 今ひまですか？	지금 한가하세요?	▶ 선생님이나 상사 등 윗사람에게 말하는 건 실례예요.
✅ 今お時間よろしいでしょうか。	지금 시간 괜찮으세요?	▶ 선생님이나 상사 등 윗사람에게 말할 때 쓸 수 있는 정중한 표현이에요.

알려줘요, 유카쌤!

「ひま (한가함)」는 일을 안 하고 있는 듯한 느낌을 줄 수 있기 때문에 선생님이나 상사 등 윗사람에게는 「ひまですか？(한가하세요?)」라고 묻지 않는 것이 좋아.

그럼, 뭐라고 해요?

「今お時間よろしいでしょうか？(지금 시간 괜찮으세요?)」라고 물으면 돼.
선생님이 한가해 보여도 「ひまですか？(한가하세요?)」라고는 하지 않도록!

그게 그거 같은데…… 까다롭네요.

그렇지만 친구한테 「今ひま？(지금 한가해?)」라고 하는 건 아주 자연스러우니까
사용해도 전혀 문제없어.

반말 표현

상황1 친구에게 숙제를 물어볼 때

지금 한가해?

今ひま?

정중한 표현

상황2 진학 상담을 하고자 하는 학생이 선생님에게

선생님, 지금 시간 괜찮으세요?

先生、今お時間よろしいでしょうか。

상황3 업무 관련 질문을 하고자 하는 신입 사원이 직장 선배에게

선배, 지금 잠깐 시간 괜찮으세요?

先輩、今ちょっとお時間よろしいでしょうか。

새 단어 今 지금 | ひまだ 한가하다 | 時間 시간 | よろしい 괜찮다, 좋다 | ちょっと 잠깐, 조금

강의 영상 13

잘못 쓰면 무례한 인상을 줄 수 있는

ほしいですか？

 **점검 포인트**

🔊 13-1.mp3

⚠️ **お菓子がほしいですか？**   과자를 원하세요 (먹고 싶으세요)?   ▸ 윗사람에게 말하는 건 실례예요.

✔️ **お菓子はいかがですか？**   과자는 어떻습니까 (과자 드시겠어요)?   ▸ 윗사람에게 말할 때도 쓸 수 있는 정중한 표현이에요.

 알려줘요, 유카쌤!

 「ほしいですか？(원하세요?)」는 초급반에서 배운 표현인데 왜 실례라는 거예요?

 이미 알고 있겠지만 「〜がほしいですか？(〜를 원하세요?)」는 상대방에게 무엇을 갖고 싶은지, 무엇을 하고 싶은지 물을 때 사용하는 표현이야. 그런데 윗사람에게 이런 표현을 사용하면 다소 예의 없는 인상을 주게 돼.

 아, 그래요?

 응. 윗사람의 욕구를 직접적으로 물으면 무례하다는 인상을 줄 수 있거든.

 그럼, 윗사람에게 갖고 싶은 게 뭔지, 하고 싶은 게 뭔지 꼭 물어봐야 할 때는 어떻게 해요?

 그럴 때는 「〜はいかがですか？(〜는 어떻습니까?)」, 「〜はどうですか？(〜는 어떻습니까?)」, 「〜どれがお好みですか？(〜어떤 것이 좋으세요?)」등의 표현을 쓰면 돼!

상황 속에서 연습하기

반말 표현

상황1 엄마가 생일을 앞둔 자녀에게

새 휴대폰을 갖고 싶니?

新しいケータイがほしい？

정중한 표현

상황2 식당 직원이 손님에게

음료는 어떻습니까?

飲み物はいかがですか。

상황3 생일 선물을 고르는 할머니에게

이 중에서 어떤 것이 좋으세요?

この中でどれがお好みですか。

새 단어 お菓子 과자 | ~がほしい ~를 원하다, ~를 갖고 싶다 | 好み 좋아함, 취향 | ケータイ 휴대폰 | 飲み物 음료

윗사람에게 쓰면 안 되는

てあげます

 **점검 포인트**

🔊 14-1.mp3

⚠️ 先生(せんせい)にお菓子(かし)を
買(か)ってあげます。

선생님에게 과자
를 사 줄게요.

▸ 윗사람에게 말하는 건 실례예요.

✓ 先生(せんせい)、お菓子(かし)は
いかがですか。

선생님, 과자는
어떻습니까(과자
드시겠어요)?

▸ 윗사람에게 말할 때도 쓸 수 있는
정중한 표현이에요.

 알려줘요, 유카쌤!

 이것도 실례되는 표현인가요?

 응, 맞아. 「～をあげる(~를 주다)」나 「～してあげる(~해 주다)」같은 표현은 기본적으로 행동
을 하는 사람이 상대방보다 높은 위치에 있는 듯한 느낌의 말이거든.

 그럼, 윗사람에게 뭔가를 줄 때는 뭐라고 말해야 돼요?

 그럴 때는 「差(さ)し上(あ)げます(드리겠습니다)」를 사용하면 돼.
일상회화에서는 그냥 「～はいかがですか(~는 어떻습니까, ~드시겠어요)」라고 하면 되고.

 그렇군요. 조심해야겠네요.

 응, 그렇지만 친구끼리는 「～てあげる(~해 주다)」라는 표현을 써도 괜찮아.
「これ買(か)ってあげる(이거 사 줄게)」, 「私(わたし)がやってあげる(내가 해 줄게)」라고 자주 하거든.

반말 표현

상황1 일본어 공부를 하는 영국인 친구에게

내가 **가르쳐 줄게!**

私が教えてあげる！

정중한 표현

상황2 전화를 끊기 전, 후배가 선배에게

다시 연락 **드리겠습니다.**

改めてご連絡差し上げます。

상황3 비행기에서 승무원이 승객에게

물은 어떻습니까(물 드시겠어요)?

お水はいかがですか。

새 단어　買う 사다 | あげる 주다 | 差し上げる 드리다 | 教える 가르치다 | 改めて 다시 | 水 물

강의 영상 15

전문가에게는 쓰면 안 되는

上手ですね
<ruby>上<rt>じょう</rt></ruby><ruby>手<rt>ず</rt></ruby>

점검 포인트

🔊 15-1.mp3

| ⚠️ | <ruby>上<rt>じょう</rt></ruby><ruby>手<rt>ず</rt></ruby>ですね。 | 잘하네요. | ▸ 전문가에게 하면 오히려 결례가
되는 표현이에요. |
| ✔️ | すごいですね! | 대단하세요! | ▸ 칭찬하고자 하는 마음을 전할 수
있어요. |

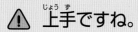

알려줘요, 유카쌤!

 얼마 전에 학생한테 「ゆか<ruby>先生<rt>せんせい</rt></ruby>は<ruby>上手<rt>じょうず</rt></ruby>に<ruby>教<rt>おし</rt></ruby>えました！ありがとうございます！(유카 선생님은 잘 가르쳤어요! 감사합니다!)」라고 칭찬을 받았거든. 되게 기쁘면서도 약간 거부감이 들더라고.

 전문가에게 「<ruby>上手<rt>じょうず</rt></ruby>(잘한다)」라고 하는 건 결례라는 거죠?

 항상 결례인 건 아니지만, 「<ruby>上手<rt>じょうず</rt></ruby>ですね(잘하네요)」는 상대방을 평가하는 듯한 느낌이 들거든. 「<ruby>上手<rt>じょうず</rt></ruby>ですね(잘하시네요)」 대신에 「いや～！さすがですね！(이야~! 역시 대단하네요!)」나 「<ruby>本当<rt>ほんとう</rt></ruby>にすごいです！(정말로 대단하세요!)」처럼 감탄했다는 느낌이 드러나는 말을 하면 칭찬하고자 하는 마음이 잘 전달될 거야.

 ゆか<ruby>先生<rt>せんせい</rt></ruby>、すごいですね！(유카 선생님, 대단하세요!)

상황 속에서 연습하기

일반적인 칭찬 표현

상황1 유치원에서 배운 노래를 들려주는 조카에게

잘하네!

上手だね。

상황2 집들이에서 직접 만든 음식을 대접한 아유미 씨에게

아유미 씨는 요리를 잘하네요!

あゆみさんは料理が上手ですね。

전문가에게 하는 칭찬 표현

상황3 한 경기에서 3골을 넣은 축구 선수에게

이야~! 역시 대단하네요!

いや～！ さすがですね！

새 단어 教える 가르치다 I 本当に 정말로, 진짜로 I 料理 요리

여러 번 말하면 실례가 되는 はい

あー、はいはい

🔊 16-1.mp3

⚠ あー、はいはい。	아, 네네.	▸ 건성으로 대답하는 듯한 느낌을 줄 수 있기 때문에, 윗 사람에게 대답할 때는 쓰지 않는 것이 좋아요.
✅ はい。	네.	▸ 윗 사람에게 대답할 때는 짧게 한 번만 말하는 것이 좋아요.

알려줘요, 유카쌤!

 「はい(네)」는 여러 번 말하면 실례인가요?

 응! 엄청난 실례야!

 만약 선생님께 「はいはい(네네)」라고 대답하면 어떻게 생각해요?

 이야기에 집중하고 있지 않다고 생각해.

 말도 안 돼! 「はい(네)」 한 번 더 했다고 그렇게 생각해요?

 그럼. 그래서 선생님이나 상사에게 대답할 때 「はい(네)」는 딱 한 번만 말해야 돼!

 「はーい！(네-에!)」

 마찬가지! 「はーい！(네-에!)」라고 길게 말하는 것도 좋지 않아. 「はいはい(네네)」처럼 건성으로 대답하는 듯한 느낌을 주거든. 윗 사람에게 대답할 때는 큰 소리로 짧게 「はい！(네!)」, 알겠지?

정중하지 않은 표현

상황1 방청소를 도와달라고 하는 언니에게

네네.

はいはい。

정중한 표현

상황2 복사를 부탁하는 선배에게

네.

はい。

상황3 내일까지 보고서를 작성해달라고 하는 상사에게

네. 알겠습니다.

はい。分かりました。

새 단어 分かる 알다

애정을 표현할 때 쓰지 않는

愛しています

 점검 포인트

🔊 17-1.mp3

⚠️ **愛しています。** 사랑합니다. ▸ 애정을 표현할 때 '사랑한다'는 말은 거의 사용하지 않아요.

✅ **大好きだよ。** 너무 좋아해. ▸ 애정을 표현할 때는 '사랑한다'는 말
   いつもありがとう。 항상 고마워.   대신 '좋아한다'는 말을 사용해요.

 알려줘요, 유카쌤!

 사실 일본인들은 「愛してる(사랑해)」라는 말을 거의 안해. 애정을 표현할 때는 「好き(좋아해)」
라고 하거나 「大好き(너무 좋아해)」라고 하지.

 그래요? 그럼 I love you는 일본어로 뭐라고 해요?

 내가 생각하기에는 「大好きだよ(너무 좋아해)」가 I love you랑 비슷한 정도의 표현인 것 같아.
「愛してる(사랑해)」는 너무 진지해. 프로포즈 할 때는 쓸 수도 있겠지만..!

 「愛してる(사랑해)」는 잘 안 쓰는 표현이군요.

 난 지금까지 한 번도 써본 적 없는걸.
그 외에도 「ありがとう(고마워)」라는 말로 애정을 표현할 수 있어.
예를 들어, 「いつも一緒にいてくれてありがとう(항상 함께 있어 줘서 고마워)」라든가
「そばにいてくれてありがとう(곁에 있어 줘서 고마워)」처럼.

17-2.mp3

상황 속에서 연습하기

특별한 상황에서 사용하는 애정 표현

상황1 결혼을 결심한 여자친구에게 프러포즈할 때

사랑합니다. 결혼해 주세요.

> 愛_{あい}しています。結婚_{けっこん}してください。

일반적인 애정 표현

상황2 좋아하는 남학생에게 사귀자고 고백할 때

너무 좋아해. 나랑 사귀어 줄래?

> 大好_{だいす}きだよ。私_{わたし}と付_つき合_あってくれる？

상황3 결혼 기념일에 아내에게

항상 함께 있어 줘서 고마워.

> いつも一緒_{いっしょ}にいてくれてありがとう。

새 단어 愛_{あい}する 사랑하다 | 大好_{だいす}きだ 매우 좋아하다 | いつも 항상 | 一緒_{いっしょ}に 함께 | いる 있다 | ~てくれる ~(해) 주다
そば 곁, 옆 | 結婚_{けっこん} 결혼 | 付_つき合_あう 사귀다

실제 대화 상황을 통해 PART1의 내용을 복습해 봅시다!

ゆか先生とあやの先生の出会い

유카 선생님과 아야노 선생님의 만남

대화를 따라 읽으며 자연스러운 일본어로 말해 봅시다!

🔊 17-3.mp3

はじめまして。①佐藤あやのです。②どうぞ、よろしくお願いします。

처음 뵙겠습니다. **사토 아야노입니다. 잘 부탁드립니다.**

はじめまして。よろしく～！何かわからんことあったら、何でも聞いてなー。

반가워요. 잘 부탁해요~! 모르는 거 있으면, 뭐든지 물어보고요.

はい！えっと、ゆか先生って③どちらの方なんですか。

네! 저, 유카 선생님은 **어디 분이세요?**

出身？関西やで。神戸！

출신지요? 간사이에요. 고베!

あと……④失礼ですが、ゆか先生の年齢をお伺いしてもよろしいでしょうか。

그리고…… **실례지만, 유카 선생님 나이를 여쭤봐도 될까요?**

28歳やで。一緒ぐらい？

스물 여덟이요. 또래인가요?

はい、私はゆか先生の２つ下です！

네, 저는 유카 선생님보다 두 살 아래에요!

새 단어 聞く 묻다 | 出身 출신 | 失礼 실례 | 年齢 연령, 나이 | 伺う 여쭙다

체크 포인트

① 佐藤あやのです

자기 이름을 말할 때는 이름 앞에 私は(저는)를 붙이지 않는 것이
자연스러워요!

② どうぞ、よろしくお願いします

'잘 부탁드립니다'라고 말하고 싶을 때, どうぞよろしくは 실례!
どうぞよろしくお願いします라고 해야 정중한 표현이에요.

③ どちらの方なんですか

어느 지역 사람인지, 어느 나라 사람인지 등 출신을 물을 때,
何人ですか는 실례!
どちらの方なんですか 또는 ご出身はどちらですか라고 해야
정중한 표현이에요.

④ 失礼ですが、ゆか先生の年齢をお伺いしても
よろしいでしょうか

나이를 물을 때, 何歳ですか는 실례!
失礼ですが、年齢をお伺いしてもよろしいでしょうか라고 해야
정중한 표현이에요.

실제 대화 상황을 통해 PART1의 내용을 복습해 봅시다!

仕事のあとは、かんぱい！
しごと

일이 끝난 뒤에는, 건배!

 대화를 따라 읽으며 자연스러운 일본어로 말해 봅시다! 🔊 17-4.mp3

 お疲れー！
つか

수고-!

 あ、①お疲れ様です！ゆか先生、②今お時間よろしいでしょうか？
つか さま   せんせい いま じ かん

아, **수고 많으십니다!** 유카 선생님, **지금 시간 괜찮으세요?**

 うん。どうしたの？

응. 무슨 일이야?

明日の授業の準備してたんですけど、ゆか先生はこの文法いつもどんな
あした じゅぎょう じゅんび   せんせい   ぶんぽう
感じで説明してますか？
かん せつめい

내일 수업 준비하고 있었는데, 유카 선생님은 이 문법을 보통 어떤 느낌으로 설명하고 있어요?

 うーん、これ難しいよね。
むずか
まあ、とりあえずビール飲みに行く？それは、明日考えよう！
の い   あした かんが

음, 이거 어렵네.
뭐, 우선 맥주 마시러 갈래? 그건, 내일 생각하자!

 え、でも……③すみません、今日は用事があるので行けません。
きょう ようじ   い
また明日行きましょう。
あした い

아, 그래도…… **죄송합니다, 오늘은 일이 있어서 갈 수 없어요. 내일 갑시다.**

새 단어 仕事 일 | ~のあと ~(한) 뒤, ~(한) 후 | かんぱい 건배 | 今 지금 | 時間 시간 | よろしい 괜찮다, 좋다 | 授業 수업
しごと   いま   じかん   じゅぎょう
準備 준비 | ~けど ~는데 | 文法 문법 | いつも 보통 때, 언제나 | どんな 어떤 | 感じ 느낌 | 説明 설명 | 難しい 어렵다
じゅんび   ぶんぽう   かんじ   せつめい   むずか
とりあえず 우선 | ビール 맥주 | 飲みに行く (술) 마시러 가다 | 考える 생각하다 | でも 그래도 | 用事 일, 용건
の い   かんが   ようじ

체크 포인트

① お疲れ様です

직장에서 인사할 때는 こんにちは/こんばんは라고 하지 않아요!
직장에서 누군가를 마주쳤을 때는 お疲れ様です라고 인사하면 돼요!

② 今お時間よろしいでしょうか

윗 사람과 이야기를 하고 싶을 때, 今ひまですか는 실례!
今お時間よろしいでしょうか라고 해야 정중한 표현이에요.

③ すみません、今日は用事があるので行けません。
また明日行きましょう

거절할 때, すみません、ちょっと……는 실례!
すみません이라고 한 후, 이유를 대며 확실하게 거절하는 것이 예의 있는
거절 방법이에요.
뒤에 ありがとうございます와 같은 감사 인사를 덧붙이는 것도 좋아요.

실제 대화 상황을 통해 PART1의 내용을 복습해 봅시다!

北海道出身のあやの先生

ほっかいどうしゅっしん　せんせい

홋카이도 출신의 아야노 선생님

대화를 따라 읽으며 자연스러운 일본어로 말해 봅시다!

🔊 17-5.mp3

ゆか先生！北海道の実家からとうもろこしがたくさん届いたんです！
おひとつ①いかがですか？

유카 선생님! 홋카이도의 본가에서 옥수수가 많이 도착했어요!
한 개 **어떻습니까?**

めっちゃおいしそう～！ありがとう！

엄청 맛있겠다~! 고마워!

②いえいえ。すっごく甘いですよ。

아니에요. 굉장히 달아요.

私とうもろこし食べるのめっちゃ好きだよ。

나 옥수수 먹는 거 엄청 좋아해.

そんなにお好きなら、もう1本③差し上げますよ！

그렇게 좋아하신다면, 1개 더 **드릴게요!**

いや、1本で④大丈夫。ありがとう。

아냐, 1개로 **괜찮아. 고마워.**

そうですか……。

그렇습니까…….

새 단어 出身 출신 | 実家 본가, 친정 | ~から ~에서 | とうもろこし 옥수수 | 届く 도착하다, 닿다 | ひとつ 한 개
めっちゃ 엄청 | すっごく 굉장히(すごく를 강조한 말) | 甘い 달다 | そんなに 그렇게 | ~なら ~(한)다면, ~라면
もう 더 | ~本 ~개, ~자루(가늘고 긴 것을 세는 말)

체크 포인트

①
いかがですか
윗 사람에게 무언가를 권할 때, ほしいですか는 실례!
いかがですか 또는 どうですか라고 해야 정중한 표현이에요.

②
いえいえ
윗 사람에게 ありがとう와 같은 감사 인사를 들었을 때는,
いえいえ 또는 とんでもないです라고 대답하면 돼요.

③
差し上げますよ
윗 사람에게 무언가를 줄 때, あげます는 실례!
差し上げます라고 해야 정중한 표현이에요.

④
大丈夫。ありがとう
부드럽게 거절하고 싶을 때는, ありがとう와 같은 감사 인사를
덧붙이면 돼요!

교과서에서는 알려주지 않는
진짜 일본어 표현

상대방에게 무언가를 확인하거나 거절할 때도 쓸 수 있는

だいじょうぶ
大丈夫

 점검 포인트 ❶ 아무렇지 않아요

🔊 18-1.mp3

Q たいちょうわる
体調悪そうだね。だいじょうぶ大丈夫？

컨디션 안 좋은 것 같네. **괜찮아?**

A あたま いた だいじょうぶ
ちょっと頭が痛いんだ。でも、大丈夫。

조금 머리가 아파. 그래도, **괜찮아(아무렇지 않아).**

 알려줘요, 유카쌤!

 大丈夫는 몸 상태가 안 좋아 보이거나 힘들어 보이는 사람을 걱정할 때 주로 쓰는 말이야.

 그런 말을 들으면 뭐라고 대답해요?

 괜찮지 않더라도 大丈夫라고 대답하는 경우가 많아. 다른 사람에게 걱정을 끼치고 싶지 않으니까.

 그럼 大丈夫라고 물어보는 의미가 없지 않나요?

 음.. 그래도 상대방에게 '걱정된다'는 마음을 전할 수 있잖아..!

점검 포인트 ❷ 문제없어요

 18-2.mp3

> **Q** 飲_のみ会_{かい}、明日_{あした}の予定_{よてい}だけど大丈夫_{だいじょうぶ}？
>
> 회식, 내일 할 예정인데 **문제없지?**
>
> **A** はい！大丈夫_{だいじょうぶ}です！
>
> 네! **문제없어요!**

알려줘요, 유카쌤!

 大丈夫_{だいじょうぶ}는 상대방에게 뭔가를 확인하고 싶을 때도 사용할 수 있어.

 그럼, 위 대화에서는 大丈夫_{だいじょうぶ}가 어떤 뜻으로 쓰였나요?

 위 대화의 大丈夫_{だいじょうぶ}를 다른 말로 바꾸면 「問題_{もんだい}ないですよ、参加_{さんか}できますよ(문제없어요, 참가할 수 있어요)」가 돼. 즉, '문제없다'라는 뜻으로 쓰인 거지.

새 단어 体調_{たいちょう} 컨디션, 몸 상태 | 悪_{わる}い 안 좋다, 나쁘다 | ~そうだ ~인 것 같다 | 頭_{あたま} 머리 | 痛_{いた}い 아프다 | でも 그래도
飲_のみ会_{かい} 회식 | 予定_{よてい} 예정 | ~けど ~인데 | 問題_{もんだい} 문제 | 参加_{さんか} 참가

점검 포인트 ❸ 필요 없어요, 됐어요

🔊 18-3.mp3

Q おはしはお付けしましょうか。

젓가락 드릴까요?

A あ、大丈夫です。

아, **필요 없어요.**

알려줘요, 유카쌤!

 大丈夫는 거절할 때도 사용할 수 있어. 위 대화의 大丈夫です를 다른 말로 바꾸면

「あ、いらないです(아, 필요 없어요)」가 돼.

 왜 「いらないです(필요 없어요)」라고 안 해요?

 大丈夫です로 거절하는게 좀 더 부드러운 인상을 주니까.

大丈夫です라고 하면 '(고맙지만) 필요 없다'는 의미가 되거든.

새 단어 おはし 젓가락 | 付ける 덧붙이다, 첨가하다 | いる 필요하다 | いらない 필요없다

A 감기라고 들었는데, **괜찮아?**

かぜって聞いたけど、大丈夫？

B **괜찮아(아무렇지 않아)!** 살아 있어~!

大丈夫！生きてるよ〜！

A 내일 집에 가도 **괜찮아?**

明日家に行っても大丈夫？

B 응, **괜찮아(문제없어)!**

うん、大丈夫だよ！

A 역까지 바래다줄까?

駅まで送ろうか。

B **괜찮아(필요 없어).** 고마워!

大丈夫。ありがとう！

새단어 かぜ 감기 ㅣ ～って ～라고 ㅣ ～けど ～는데 ㅣ 生きる 살다 ㅣ 駅 역 ㅣ 送る 바래다주다, 보내다

상대방에게 무언가를 확인받거나 거절할 때도 쓸 수 있는

いいです

점검 포인트 ❶ 좋아요

🔊 19-1.mp3

> **Q** この服、昨日買ったんだ。
>
> 이 옷, 어제 샀어.
>
> **A** いいね！すごく似合ってるよ。
>
> **좋네!** 굉장히 어울려.

알려줘요, 유카쌤!

 いいは 다른 사람을 칭찬할 때나 '좋다'는 느낌을 말할 때 주로 쓰는 말이야.

 여기서 いい는 어떤 의미인가요?

 말 그대로 '좋다'라는 의미야.
참고로 SNS의 '좋아요'도 일본어로는 いいね라고 해.

Q このお菓子食べていい？

이 과자 먹어도 **문제없어**?

A うん、いいよ。

응, **문제없어**.

いいは 상대방에게 뭔가를 확인받거나 허락받을 때도 사용할 수 있어.
위 대화의 いいよ를 다른 말로 바꾸면 「食べて問題ないよ(먹어도 문제없어)」가 돼.

いいよ말고 그냥 いい라고만 하면 안 되나요?

대답할 때는 그냥 いい라고만 하는 것보다 いいよ라고 하는 게 자연스러워.

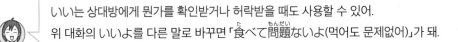 服 옷 | 似合う 어울리다 | お菓子 과자 | 問題 문제

 점검 포인트 ❸ 괜찮아요, 필요 없어요   🔊 19-3.mp3

Q 仕事、手伝おうか。
일, 도와줄까?

A いや、いいです。
아뇨, **괜찮아요.**

 알려줘요, 유카쌤!

 いい는 거절할 때도 사용할 수 있어.
위 대화의 いいです를 다른 말로 바꾸면 「いいえ、手伝わなくていいです(아니요, 도와주지 않아도 괜찮아요)」가 돼.

 いい는 '좋다'라는 의미로만 알고 있었는데, '괜찮다, 필요 없다'라는 의미로도 사용된다니….
정반대의 의미가 되니까 너무 어렵네요. 일본인들은 안 헷갈리나요?

 사실 일본인들도 헷갈릴 때가 있어.
예를 들어 편의점에서 먹을 것을 사면 점원이 '젓가락 드릴까요?'라고 물어보거든.
그럼 いいです라고 대답하는데 이런 경우에는 いいです가 '좋습니다'라는 건지 '필요 없습니다'라는 건지 확실히 알 수가 없어. 그래서 이럴 때는 표정이나 제스처가 중요해.

새 단어 仕事 일 | 手伝う 돕다 | ~なくていい ~하지 않아도 괜찮다

A 내일, 불고기 먹으러 가지 않을래?

明日、焼肉食べに行かない？

B **좋아!** 가자 가자!

いいね！行こう行こう！

A 이 컴퓨터, 사용해도 **문제없어요?**

このパソコン、使ってもいいですか。

B 네, **문제없어요.**

はい、いいです。

A 오늘 다 같이 술 마시러 가는데, 올 거지?

今日みんなで飲みに行くんだけど、来るよね？

B 아뇨, 저는 **괜찮아요.**

いや、私はいいです。

새 단어　焼肉 불고기 | ~に行く ~(하)러 가다 | パソコン 컴퓨터 | 使う 사용하다 | みんなで 다 같이
飲みに行く 술 마시러 가다 | ~けど ~는데

Unit 20

고마움을 표현할 때나 말을 걸 때도 쓸 수 있는

すみません

점검 포인트 ❶ 죄송합니다

🔊 20-1.mp3

Q ちょっと 静かにしていただけますか 。

조금 조용히 해 주시겠습니까?

A はい、すみません。

네, **죄송합니다**.

 알려줘요, 유카쌤!

 すみません은 사과할 때 쓰는 말이야.

 「ごめんなさい(죄송합니다)」나 「申し訳ありません(죄송합니다)」과는 어떻게 달라요?

 사실 의미는 다 똑같아.
근데 ごめんなさい쪽이 상대방에게 용서를 구하는 마음이 강하게 전해져.
申し訳ありません은 상당히 정중한 말투라서 주로 회사에서 사용하는 표현이고.

 **점검 포인트 ❷** 감사합니다

🔊 20-2.mp3

Q お土産を買ってきましたよ。どうぞ。
기념품을 사 왔어요. 받으세요.

A すみません。いただきます。
감사합니다. (잘) 받겠습니다.

알려줘요, 유카쌤!

 すみません은 고마움을 표현할 때도 사용할 수 있어.
위 대화에서 すみません을 다른 말로 바꾸면「私のために買ってきてくれて、ありがとうございます(저를 위해 사 와 주셔서, 감사합니다)」가 돼.

 왜 ありがとうございます라고 하지 않고 すみません이라고 해요?

 여기서는 민폐를 끼쳐서 미안하다고 하는게 아니라 나를 위해 뭔가를 해준 것에 대해 '고마우면서 미안한' 마음을 표현한 거거든.
또,「すみません、ありがとうございます」처럼 ありがとうございます를 뒤에 붙여서 말하는 경우도 많으니까 같이 알아 두도록 해!

새 단어 静かに 조용히 | ~ていただけますか ~해 주시겠습니까? | お土産 기념품 | 買う 사다 | ~てくる ~(해) 오다
いただく 받다(もらう의 공손한 표현) | ~のために ~를 위해 | ~てくれる ~(해) 주다

 점검 포인트 ❸ 저기요, 여기요

 20-3.mp3

Q すみません、駅はどこにありますか。

저기요, 역은 어디에 있나요?

A まっすぐ行って右側にあります。

쭉 가면 오른쪽에 있어요.

알려줘요, 유카쌤!

 すみません은 다른 사람에게 말을 걸 때나 식당에서 주문을 할 때도 사용할 수 있어.
「すみません、道を聞いてもいいですか(저기요, 길을 물어도 괜찮습니까?)」나
「すみません、お水ください！(여기요, 물 주세요!)」 처럼.

 아무런 잘못도 안 했는데 왜 말을 걸기 전부터 すみません이라고 하는 거예요?

 여기서 すみません은 잘못해서 미안하다고 하는게 아니라 '이제부터 당신에게 말을 걸겠다'라는 걸 알리는 말이야. 길을 가고 있는데 모르는 사람이 다짜고짜 '역이 어디예요?'라고 말을 걸면 당황스럽잖아.

새 단어 駅 역 | どこ 어디 | まっすぐ 쭉, 곧장 | 行く 가다 | 右側 오른쪽 | 道 길 | 聞く 묻다, 듣다 | ~てもいい ~(해)도 괜찮다
お水 (마시는) 물

A 아직이야? 이제 출발할 거야!

> まだ？もう出発するよ！

B **죄송합니다!** 곧 갈게요.

> すみません！すぐ行きます。

A 짐 (내가) 들까?

> 荷物持とうか？

B **감사합니다.** 부탁합니다.

> すみません。お願いします。

A 저기요. 혹시…… 유카 선생님입니까?

> すみません。もしかして……ゆか先生ですか？

B 네! 그렇습니다.

> はい！そうですよ。

새 단어 まだ 아직 | もう 이제, 벌써 | 出発する 출발하다 | すぐ 곧, 바로 | 荷物 짐 | 持つ 들다, 가지다 | もしかして 혹시, 만약

Unit 21

긍정적인 표현으로도 쓸 수 있는

全然
ぜんぜん

강의 영상 21

점검 포인트

🔊 21-1.mp3

Q ゆかって英語できる？この文章の意味がわからなくて……。
えいご　　　　　　　　　　ぶんしょう　いみ

유카는 영어 할 수 있어? 이 문장의 의미를 모르겠어서…….

A 全然できるよ。みせて！
ぜんぜん

완전 할 수 있지. 보여줘!

알려줘요, 유카쌤!

교과서에서는 全然이 '전혀'라는 뜻이며 「全然 ～ない(전혀 ~(하)지 않다)」처럼 부정적인 표현으로 사용한다고 나오는데, 맞나요?

응. 물론 교과서에 나와 있는 것처럼 부정적인 표현으로 사용하는 경우가 많아. 그런데 全然 뒤에 「～ない(~(하)지 않다)」를 붙이지 않고 긍정적인 표현으로 사용하는 경우도 자주 있거든. 예를 들어, 「全然おいしい(매우 맛있어)」나 「全然わかる(완전 이해해)」처럼..!

아~, 全然이 「とても(매우)」와 같은 뜻으로 사용되는 경우도 있군요!
혹시 또 다른 뜻도 있나요?

응, 한 가지 더! 「意外と(의외로)」라는 뜻도 있어.
예를 들어, 그다지 맛있지 않다고 들은 음식이 생각보다 맛있을 때 全然おいしい라고 하거든.
이 때는 '매우' 맛있다라는 뜻이라기 보다 '의외로' 맛있다라는 뜻이 되지.

A 방금 이야기, 이해했어?

今の話、理解できた？

B **전혀 모르겠어**…….

全然わからない……。

A 미안해. 10분정도 늦을 것 같아.

ごめん。10分ぐらい遅れそう。

B **완전** 괜찮아.

全然大丈夫だよ。

A 이 케이크, 괜찮아……?

このケーキ、大丈夫……？

B 응, **의외로** 맛있어.

うん、全然おいしいよ。

새 단어 ○○って ○○는, ○○이는 | 英語 영어 | できる 할 수 있다 | 文章 문장 | 意味 의미 | わかる 알다, 이해하다
みせる 보여주다 | 今 방금, 지금 | 話 이야기 | 理解 이해 | ~ぐらい ~정도 | 遅れる 늦다 | ~そう ~(할) 것 같다

강의 영상 22

'꽤'라는 의미로도 쓸 수 있는

まあまあ

 점검 포인트

🔊 22-1.mp3

Q あー、おなかすいた。
아-, 배고프다.

A ご飯作ってあげようか。私の料理、まあまあおいしいよ！
밥 만들어 줄까? 내 요리, 꽤 맛있어!

 알려줘요, 유카쌤!

 교과서에서는 まあまあ 가 '그럭저럭'이라는 뜻이라고 나오는데, 맞나요?

 응. 물론 교과서에 나와 있는 것처럼 '좋지도 나쁘지도 않을 때' 사용하는 경우가 많기는 해.
그런데 말하는 상황에 따라 '좋을 때' 사용하는 경우도 있어.

 그렇구나..!

 예를 들어, 「日本語を教えてあげようか？私、まあまあ得意だよ(일본어 가르쳐 줄까? 나, 꽤
자신 있어)」라고 했을 때, まあまあ는 '그럭저럭'이라는 뜻이라기 보다 '꽤 (잘한다)'라는 뜻이 되지.

 まあまあ라는 표현을 쓸 때 주의해야 할 점이 있을까요?

응, まあまあ는 윗사람하고 이야기할 때는 쓰지 않는 것이 좋아. 가벼워 보일 수도 있거든..!

A 최근에, 어때(어떻게 지내)?

> 最近、どう？

B 그럭저럭 지내.

> まあまあだよ。

A 회사 앞에 생긴 우동집은 어땠어?

> 会社の前にできたうどん屋さんはどうだった？

B 꽤 맛있었어.

> まあまあおいしかったよ。

A 기무라 군, 작년부터 테니스 시작했지?

> 木村くん、去年からテニスを始めたよね？

B 응, 이제 꽤 잘하게 됐어!

> うん、もうまあまあ上手くなったよ！

새 단어 おなかすいた 배고프다 | ご飯 밥 | 作る 만들다 | ~てあげる ~(해) 주다 | 料理 요리 | 教える 가르치다
得意だ 자신 있다, 잘하다 | 最近 최근 | どう 어때 | 会社 회사 | 前 앞 | できる 생기다 | ~屋 ~집 | 去年 작년
始める 시작하다 | もう 이제, 이미 | 上手い 잘하다

강의 영상 23

탓하는 마음을 표현할 때도 쓸 수 있는

おかげで

점검 포인트

🔊 23-1.mp3

Q どうしたの？今日（きょう）は眠（ねむ）そうだね。
무슨 일이야? 오늘은 졸린 것 같네.

A 宿題（しゅくだい）のおかげで、全然眠（ぜんぜんねむ）れなかったよ。
숙제 **덕분에(탓에)**, 전혀 잘 수 없었어.

알려줘요, 유카쌤!

교과서에서는 おかげで가 '덕분에'라는 뜻이며 감사한 마음을 표현할 때, 또는 좋은 결과의 원인을 말할 때 사용한다고 나오는데, 맞나요?

응 맞아. 그런데 반대로, 좋지 않은 결과의 원인을 말할 때 사용하는 경우도 있어.

「せい(~탓)」와 같은 의미로도 쓰인다는 건가요?

딩동댕! 「おかげ(덕분)」는 좋은 결과에 대한 원인, 「せい(탓)」는 나쁜 결과에 대한 원인을 말할 때 사용한다고 배웠지? 그런데 사실 「おかげ(덕분)」도 「せい(탓)」처럼 사용할 수 있어.

그렇구나..! 그럼 왜 「せい(탓)」가 아닌 「おかげ(덕분)」를 사용하는 거죠?

한국어와 비슷한 부분인데, '탓'대신 '덕분'이라는 표현을 사용하면 비꼬는 뉘앙스를 더할 수 있거든.

 상황 속에서 연습하기

🔊 23-2.mp3

A 시험 어땠어?

試験どうだった？

B 선생님 덕분에, 합격했습니다.

先生のおかげで、合格しました。

A 무슨 일이야? 지쳐 있네.

どうしたの？疲れてるね。

B 잔업 덕분에(탓에), 수면 부족이거든.

残業のおかげで、寝不足なんだよ。

A 여행은 어땠어?

旅行はどうだった？

B 태풍 덕분에(탓에), 갈 수 없었어.

台風のおかげで、行けなかったよ。

새 단어 眠い 졸리다 ｜ ~そうだ ~인 것 같다 ｜ 宿題 숙제 ｜ 全然 전혀 ｜ 眠る 자다, 잠들다 ｜ 試験 시험 ｜ 合格 합격
疲れる 지치다 ｜ 残業 잔업 ｜ 寝不足 수면 부족 ｜ 旅行 여행 ｜ 台風 태풍

강의 영상 24

구체적인 계획이 정해져 있는지, 의지만 가지고 있는지에 따라 구분해서 쓰는

～予定&～つもり

점검 포인트

🔊 24-1.mp3

Q 今日の予定は？
오늘 뭐할 **예정**이야?

A 一日中日本語の勉強をするつもりだよ。
하루 종일 일본어 공부를 **할 생각**이야.

알려줘요, 유카쌤!

 「～予定(~(할) 예정)」랑 「～つもり(~(할) 생각)」. 두 표현에 도대체 어떤 차이가 있는 건가요?

 의미는 거의 같다고 볼 수 있지만, 약간의 뉘앙스 차이가 있어.
먼저 ～予定는 무언가를 언제, 어떤 식으로 할지 계획이 자세하게 정해진 일을 말할 때 사용해.

 그럼, ～つもり에는 어떤 뉘앙스가 있나요?

 ～つもり는 앞으로 뭔가를 할 것이라는 자신의 의지를 전달할 때 사용해.
자기 마음속으로만 정해 놓은 계획이라든가, 앞으로 하려고 하는 일을 말할 때 쓰지.

 아하~! ～予定는 이미 하기로 결정된 일을 말할 때 쓰고, ～つもり는 구체적으로 뭔가가 정해져
있지는 않지만 앞으로 하려고 하는 일을 말할 때 쓴다는 거네요!

 그렇지!

A 기무라 군은, 올해 졸업해?

木村くんは、今年卒業するの？

B 아니요, 내년에, **졸업할 예정**입니다.

いいえ、来年、卒業する予定です。

A 여름휴가에는 뭐해?

夏休みは何する？

B 미국에 **갈 예정**이야.

アメリカに行く予定だよ。

A 이번 주말, 뭐해?

今週末、何する？

B 이번 주말에는 영화를 **볼 생각**이야.

今週末は映画を見るつもりだよ。

새 단어 一日中 하루 종일 | 今年 올해 | 卒業する 졸업하다 | 来年 내년 | 夏休み 여름휴가, 여름방학 | アメリカ 미국
今週末 이번 주말 | 映画 영화

조사 한 글자 차이로 전혀 다른 의미가 되는

〜でいいです & 〜がいいです

 **점검 포인트**

🔊 25-1.mp3

Q すみません。赤色^{あかいろ}は売^うり切^きれです。
죄송합니다. 빨간색은 품절입니다.

A そうですか。じゃあ青色^{あおいろ}でいいです。
그렇습니까? 그럼 파란색**으로도** 괜찮습니다.

 알려줘요, 유카쌤!

 〜でいいです는 무슨 뜻인가요?

 '(마음에 내키지는 않지만) ~로도 괜찮습니다'라는 뜻이야.
예를 들어, 「それでいいです(그것으로도 괜찮습니다)」라고 하면 '만족스럽지는 않지만 괜찮습니다'라는 의미가 되지.

 그럼, 〜がいいです는 무슨 뜻인가요?

 '~가 (마음에 들고) 좋습니다'라는 뜻이야.
예를 들어, 「それがいいです(그것이 좋습니다)」라고 하면 '마음에 들어요, 좋습니다'라는 의미지.

A 죄송합니다, 가라아게는 지금 품절입니다.

すみません、からあげは今売り切れです。

B 그럼, 감자튀김으로도 괜찮습니다.

じゃー、フライドポテトでいいです。

A 상품은 수건, 치약, 비누 중에서 골라 주세요.

商品はタオル、歯みがきこ、せっけんから選んでください。

B 수건이 좋습니다.

タオルがいいです。

A 오늘 저녁 식사는 뭘로 할래(뭐 먹을래)?

今日の晩ごはんは何にする？

B 오늘은 샐러드가 좋겠다.

今日はサラダがいいな。

새 단어 | 赤色 빨간색 | 売り切れ 품절 | 青色 파란색 | からあげ 가라아게(일본식 치킨) | フライドポテト 감자튀김
商品 상품 | タオル 수건 | 歯みがきこ 치약 | せっけん 비누 | 選ぶ 고르다 | 晩ごはん 저녁 식사
~にする ~로 하다 | サラダ 샐러드

Unit 26

한국어의 이런&그런&저런에 해당하는

こういう&そういう&ああいう

점검 포인트

🔊 26-1.mp3

Q 彼女とけんかしたんだ。こういうとき、どうすればいいの？

여자친구와 싸웠어. **이럴** 때, 어떻게 하면 좋아?

A そういうときは、ちゃんと話し合った方がいいと思うよ。

그럴 때는, 제대로 서로 이야기하는 편이 좋다고 생각해.

알려줘요, 유카쌤!

こういう는 언제 사용해요?

자기가 한 말이나 행동에 대해 이야기할 때 사용해!
한국어의 '이런'에 해당하는 표현이라고 생각하면 돼.

そういう는 언제 사용해요?

상대방이 한 말이나 행동에 대해 이야기할 때 사용해!
한국어의 '그런'에 해당하는 표현이라고 생각하면 돼.

ああいう는 언제 사용해요?

자신이나 상대방으로부터 멀리 떨어져 있는 것에 대해 이야기할 때 사용해!
한국어의 '저런'에 해당하는 표현이라고 생각하면 돼.
*경우에 따라 '그런'이라고 해석될 때도 있음(실전 말하기 2-2 ④ 참고)

🔊 26-2.mp3

A 오늘은 매우 지쳤습니다. **이럴** 때는 맥주가 마시고 싶어집니다.

今日はとても疲れました。こういうときはビールが飲みたくなります。

B 맞아요. 지쳤을 때는 역시 맥주지요.

そうですね。疲れたときはやっぱりビールですね。

A 오늘은 유카쨩이 엄청 좋아하는 햄버그스테이크를 만들었어.

今日はゆかちゃんが大好きなハンバーグを作ったよ。

B 고마워. 너의 **그런** 다정한 부분이 너무 좋아.

ありがとう。あなたのそういうやさしいところが大好きだよ。

A 유카선생님, 상냥하고 예쁘다.

ゆか先生、やさしくてきれいだな。

B 그러니까. **저런** 사람이 되고 싶어.

そうだよね。ああいう人になりたいよ。

새 단어 彼女 여자친구 | けんかする 싸우다 | どう 어떻게 | ちゃんと 제대로, 확실히 | 話し合う 서로 이야기하다, 의논하다
~た方がいい ~(하)는 편이 좋다 | ~と思う ~라고 생각하다 | 疲れる 지치다 | やっぱり 역시 | ビール 맥주
ハンバーグ 햄버그스테이크 | 作る 만들다 | ところ 부분, 곳 | ~になる ~이 되다, ~가 되다

상황에 따라 기한이 바뀔 수 있는 明日まで

「明日まで」って、いつまで？

점검 포인트

🔊 27-1.mp3

Q 明日までにこの資料まとめといて。

내일까지 이 자료 정리해 둬.

A すみません、明日の何時まででしょうか。

죄송합니다, 내일 몇 시까지일까요?

알려줘요, 유카쌤!

「明日まで(내일까지)」는 정확히 언제까지예요?

「明日(が終わる)まで(내일(이 끝날 때)까지)」라는 뜻이니까 정확히 말하면
내일 23시 59분까지야.

정확히 말하면 그렇지만, 꼭 23시 59분까지 인건 아니죠?

그렇지. 사실 「明日まで(내일까지)」가 언제까지인지는 '상황에 따라' 바뀔 수 있거든.
예를 들어, 회사에서 상사가 「明日までに提出して(내일까지 제출해)」라고 했을 때는 '내일 점심 전까지'일 수도 있고 '일이 끝나는 6시까지'일 수도 있어. 내일 언제까지인지는 상대방에게 물어보지 않으면 확실하게 알 수 없기 때문에 정확하게 확인하는 것이 좋아.

상황 속에서 연습하기

🔊 27-2.mp3

A JLPT 신청, **내일까지야.**

> JLPTの申し込み、明日までだよ。

B 엇…, 내일 몇 시까지야?

> えっ…、明日の何時までなの？

A 리포트는 **내일 아침 11시까지** 내줘.

> レポートは明日の朝11時までに出してね。

B 네. 알겠습니다.

> はい。分かりました。

A 예약을 변경할 수 있는 것은, **내일까지입니까?**

> 予約が変更できるのは、明日までですか。

B 네. 내일 17시까지입니다.

> はい。明日の17時までです。

새 단어 明日 내일 | ~って ~라는 것은 | 資料 자료 | まとめる 정리하다 | ~ておいて(~といて) ~(해) 둬 | 何時 몇 시
~でしょうか ~일까요 | 終わる 끝나다 | 提出 제출 | 申し込み 신청 | レポート 리포트, 보고서 | 朝 아침
出す 내다 | 予約 예약 | 変更 변경 | できる 할 수 있다

'이전(과거)'이라는 의미로도 쓸 수 있는 前^{まえ}

「前のページ」って、先？後ろ？

점검 포인트

🔊 28-1.mp3

Q みなさん、ひとつ前^{まえ}のページを開^{ひら}いてください。

여러분, 하나 **앞 페이지**를 펴 주세요.

A 前^{まえ}……？

앞……？

알려줘요, 유카쌤!

「前^{まえ}のページに書^かいてあるよ(앞 페이지에 써 있어)」라고 하면 다음 페이지로 넘겨요?
아님 이전 페이지로 돌아가요?

정답은 이전 페이지로 돌아가기!

엇, 한국어와 비슷하네요!

맞아. 이 부분은 한국어와 비슷해서 한국인이라면 헷갈리지 않을 거야.
일본어에서도, 시간의 흐름에 대해 이야기 할 때 「前^{まえ}(앞)」는 과거를 나타내는 말이야.
예를 들어, 「あの店^{みせ}には、前^{まえ}行^いったことがある(저 가게에는, 전에 간 적이 있다)」라는 문장에서 쓰인 것 처럼 「前^{まえ}(앞)」는 '이전(과거)'이라는 의미로도 사용될 수 있어.

A 저 가게에는, **전**에 간 적이 있다.

あの店_{みせ}には、前_{まえ}行_いったことがある。

B 오-, 어땠어? 맛있었어?

えー、どうだった？おいしかった？

A 아, 유카 쨩은 **이전** 리더였지.

あ、ゆかちゃんは前_{まえ}のリーダーだったよね。

B 그랬지. 정말로 좋은 리더였지.

そうだったよね。本当_{ほんとう}にいいリーダーだったよね。

A 아유미 쨩은 옛날에, 자주 지각했었지.

あゆみちゃんは昔_{むかし}、よく遅刻_{ちこく}してたよね。

B 아-, 부끄러워. **이전** 이야기는, 이제 그만해.

えー、恥_はずかしい。前_{まえ}の話_{はなし}は、もうやめてよ。

새 단어 前_{まえ} 앞, 이전 | ページ 페이지 | ~って ~라는 것은 | 先_{さき} 앞 | 後_{うし}ろ 뒤 | ひとつ 하나, 한 개 | 開_{ひら}く 펴다, 열다
~てください ~(해) 주세요 | 店_{みせ} 가게 | 行_いく 가다 | ~たことがある ~(한) 적이 있다 | リーダー 리더 | 昔_{むかし} 옛날, 예전
よく 자주, 잘 | 遅刻_{ちこく}する 지각하다 | 恥_はずかしい 부끄럽다 | 話_{はなし} 이야기 | もう 이제 | やめる 그만하다, 그만두다

강의 영상 29

1日おきには 2日に 한 번

「1日おきに来る」って、いつ来るの？

 점검 포인트

🔊 29-1.mp3

Q 1日おきに彼から連絡が来るんだ。

하루를 두고 그에게서 연락이 와(**이틀에 한 번** 그에게서 연락이 와).

A そっか。毎日連絡してほしいよね。

그렇구나. 매일 연락해주면 좋겠다.

알려줘요, 유카쌤!

 1日おきに来る라는 건 언제 온다는 거예요?

 「1日(하루)」를 (사이에)「おく(두다)」라는 의미니까, '오늘 오고, 내일은 안 오고(하루를 사이에 두고), 그 다음에 오는 건 모레'가 되는 거지.
「1日おきに来る(하루를 (사이에) 두고 온다)」라는 건 쉽게 말해 '이틀에 한 번 온다'라는 뜻이야.

 헷갈려요…. 다른 표현은 없을까요?

 「〜おきに」라는 말 대신에「〜ごとに」를 사용하면 돼!
〜ごとに는 '~마다'라는 뜻이라서, 「2日ごとに来る」라고 하면 '이틀마다 온다(이틀에 한 번 온다)'라는 의미가 돼.

＊ ○○おきには ○○X2에 한 번

ex) 1日おきに = 2日에 한 번

○○ごとには ○○에 한 번

ex) 1日ごとに = 1日에 한 번

A 나는 **1년에 한 번**(반년을 사이에 두고), 건강진단 받고 있어.

私は半年おきに、健康診断受けてるよ。

B 오-, 그렇게 자주 받고 있어?

えー、そんなによく受けてるの？

A 최근에, 밥 만드는 것이 귀찮아서, **이틀에 한 번**(하루를 사이에 두고) 외식하고 있어.

最近、ご飯作るのめんどうで、１日おきに外食してるよ。

B 우리집도 그래!

うちもそうだよ！

A 나는 매일 아침, **1분 마다** 알람이 울리도록 하고 있어.

私は毎朝、１分ごとにアラームが鳴るようにしてるよ。

B 그래서 지각하지 않는구나.

だから遅刻しないんだ。

새 단어 ｜ 1日 하루 ｜ おく 두다 ｜ ～って ～라는 것은 ｜ いつ 언제 ｜ 彼 그 ｜ 連絡 연락 ｜ 毎日 매일 ｜ ～てほしい ～(해)주면 좋겠다
半年 반년 ｜ 健康診断 건강진단, 건강검진 ｜ 受ける 받다 ｜ ～てる(～ている의 줄임 표현) ~(하)고 있다 ｜ よく 자주, 잘

강의 영상 30

다른 사람을 위해 부탁할 때 쓸 수 있는

もらってあげてくれる

점검 포인트

🔊 30-1.mp3

Q これあげる！
이거 줄게!

A ゆかちゃん、これもらってあげてくれる？
유카 쨩, (A를 위해) 이것 좀 받아 주면 어떨까?

알려줘요, 유카쌤!

もらってあげてくれる……. 일단, 「もらってくれる(받아 주다)」부터 어려워요. 「もらってくれる(받아 주다)」는 언제 쓰는 말인가요?

부탁할 때 쓰는 말이야. 예를 들어, 쿠키를 만들었는데 너무 많이 만들어서 혼자서는 다 못 먹을 때, 누군가 좀 먹어줬으면 하잖아. 이럴 때, 「このクッキー、もらってくれる？(이 쿠키, 받아 줄래?)」라고 하면서 부탁하지.

그럼 もらってあげてくれる는 도대체 언제 쓰는 말이에요?

다른 사람을 위해 부탁할 때 쓰는 말이야.
예를 들어, 아이가 쿠키를 많이 만들어서 모리오라는 친구에게 주려고 할 때, 아이 엄마는 「もりおくん、クッキーもらってあげてくれる？(모리오군, 쿠키 좀 받아 주면 어떨까?)」라고 하지.

A 이거, 우리 엄마 수제 액세서리인데, **좀 받아 주면 어떨까?**

これ、うちの母の手作りアクセサリーなんだけど、
もらってあげてくれる？

B 우와~, 예쁘다! 고마워!

うわ～、きれい！ありがとう！

A 모리오 군이 과자 만들었대. **좀 받아 주면 어떨까?**

もりおくんがお菓子作ったんだって。もらってあげてくれる？

B 와우! 모리오 군, 고마워.

わーい！もりおくん、ありがとう。

A 유카쨩, (A를 위해) 이 사탕 **좀 받아 주면 어떨까?**

ゆかちゃん、このあめもらってあげてくれる？

B 네, 감사합니다!

はい、ありがとうございます！

새 단어 もらう 받다 | あげる (내가 다른 사람에게) 주다 | くれる (다른 사람이 나에게) 주다

실제 대화 상황을 통해 PART2의 내용을 복습해 봅시다!

「日本語の森」でお仕事中

'일본어의 숲'에서 일하는 중

 대화를 따라 읽으며 자연스러운 일본어로 말해 봅시다! 🔊 30-3.mp3

あやの先生、お疲れ様！今日６時から飲み会だけど、①大丈夫だよね？

아야노 선생님, 수고! 오늘 6시부터 회식인데, **문제없지?**

 あ、忘れました！②すみません。まだ残ってる仕事があって……。

아, 잊어버렸어요! **죄송합니다.** 아직 남아있는 일이 있어서…….

 そうなんだ。手伝おうか？

그렇구나. 도와줄까?

 いや、そんな、③いいですよ。作業いっぱい残ってるんで。

아니에요, 무슨 말씀을요, **괜찮아요.** 작업이 많이 남아 있어서.

 どれ？この資料作るだけでしょ？④全然余裕じゃん！すぐやろう！

어느 거? 이 자료 만드는 것 뿐이지? **완전** 여유지! 얼른 하자!

---

 ②すみません。よろしくお願いします！

죄송합니다. 잘 부탁합니다!

새 단어 森 숲 | 仕事 일 | ~中 ~중 | ~から ~부터 | 飲み会 회식 | ~けど ~인데 | 忘れる 잊어버리다, 잊다 | まだ 아직 | 残る 남다 | 手伝う 돕다 | 作業 작업 | 資料 자료 | 作る 만들다 | ~だけ ~뿐, ~만 | 余裕 여유 | すぐ 얼른, 곧

체크 포인트

①
だいじょうぶ
大丈夫

だいじょうぶ
大丈夫는 '문제없다, 괜찮다'라는 의미로 사용되는 말이에요.
이 외에 '아무렇지 않다, 필요 없다'라는 의미로도 사용할 수 있어요.

②
すみません

すみません은 '죄송합니다'라는 의미로 사용되는 말이에요.
이 외에 '감사합니다, 저기요'라는 의미로도 사용할 수 있어요.

③
いいです

いいです는 '괜찮아요'라는 의미로 사용되는 말이에요.
이 외에 '좋아요, 문제없어요'라는 의미로도 사용할 수 있어요.

④
ぜんぜん
全然

ぜんぜん
全然은 '완전, 매우'라는 의미로 사용되는 말이에요.
이 외에 '전혀, 의외로'라는 의미로도 사용할 수 있어요.

실제 대화 상황을 통해 PART2의 내용을 복습해 봅시다!

結婚したい？

けっこん

결혼하고 싶어?

 대화를 따라 읽으며 자연스러운 일본어로 말해 봅시다!

 30-4.mp3

私は32歳までに結婚する①つもりなんです！

저는 32살까지 결혼할 **생각**이에요!

そうなんだ！私、来月友だちの結婚式に参加する②予定なんだけど、
多分行ったら結婚したくなっちゃうと思う！

그렇구나! 나, 다음 달 친구 결혼식에 참가할 **예정**인데, 아마 가면 결혼하고 싶어질 거라고 생각해!

③そういうこと、ありますよね。

그런 경우, 있지요.

昔は絶対結婚しない①つもりだったんだけど、友だちの結婚式に
参加するたびに「いいなー」って思うようになって。

옛날에는 절대 결혼하지 않을 **생각**이었는데, 친구 결혼식에 참가할 때마다 '좋겠다-'고 생각하게 됐어.

この前の中本先生の結婚式も最高でしたよね。

이 전의 나카모토 선생님 결혼식도 최고였지요.

うんうん！④ああいう場所で結婚式できたら最高だな～！

응응! **그런** 장소에서 결혼식 할 수 있다면 최고겠다~!

새 단어 結婚 결혼 | ~たい ~(하)고 싶다 | ~歳 ~살, ~세 | ~までに ~까지 | 来月 다음 달 | 友だち 친구 | 結婚式 결혼식
参加 참가 | ~けど ~인데 | 多分 아마 | ~たら ~(하)면 | ~と思う ~라고 생각하다 | 昔 옛날 | 絶対 절대
~たびに ~(할) 때마다 | 最高 최고

체크 포인트

つもり

① つもり는 '~(할) 생각'이라는 의미로 사용되는 말이에요.
아직 구체적인 계획을 세운 것은 아니지만 뭔가를 해야겠다는 의지를
가지고 있을 때 사용해요.

予定

② 予定는 '~(할) 예정'이라는 의미로 사용되는 말이에요.
つもり와 의미는 거의 동일하지만, 予定의 경우 구체적으로 계획까지
세운 일을 말할 때 사용해요.

そういう

③ そういう는 상대방이 한 말이나 행동에 대해 이야기할 때 사용하는 말이에요.

ああいう

④ ああいう는 자신이나 상대방으로부터 멀리 떨어져 있는 것에 대해 이야기
할 때 사용하는 말이에요.

실제 대화 상황을 통해 PART2의 내용을 복습해 봅시다!

仕事の相談
しごと そうだん

업무 관련 상담

대화를 따라 읽으며 자연스러운 일본어로 말해 봅시다!

 30-5.mp3

これから①1週間おきに動画アップすることにしたから、撮影忙しくなるけど
がんばろうね。

이제부터 **2주일에 한 번** 동영상 업로드하는 것으로 했으니까, 촬영이 바빠지겠지만 힘내자.

え？大変ですかね。2週間に1本なら、②全然できますよ。

어? 힘든 건가요. 2주일에 1편이라면, **완전** 할 수 있어요.

あ、ごめん、③1週間ごとにアップするっていう意味。
1週間に1本ね。

아, 미안, **1주일 마다** 업로드한다는 의미.
1주일에 1편.

それは大変だな……。

그건 힘들겠다…….

④前の動画見直して、人気があったシリーズの撮影しよう。

이전 동영상 다시 보고, 인기가 있었던 시리즈를 촬영하자.

はい！

네!

새 단어　これから 이제부터 | 動画 동영상 | アップする 업로드하다 | 撮影 촬영 | 忙しい 바쁘다 | ~けど ~지만
大変 힘듦, 고생스러움 | 意味 의미 | 見直す 다시 보다 | 人気 인기

체크 포인트

①

^{いっしゅうかん}
1週間おきに

1週間おきに는 '2주일에 한 번'이라는 의미로 사용되는 말이에요.

○○おきに는 ○○X2에 한 번이라고 생각하면 쉬워요.

ex) 1日おきに = 2日에 한 번

②

^{ぜんぜん}
全然

全然은 '완전, 매우'라는 의미로 사용되는 말이에요.

이 외에 '전혀, 의외로'라는 의미로도 사용할 수 있어요.

③

^{いっしゅうかん}
1週間ごとに

1週間ごとに는 '1주일 마다'라는 의미로 사용되는 말이에요.

○○ごとに는 ○○에 한 번이라고 생각하면 쉬워요.

ex) 1日ごとに = 1日에 한 번

④

^{まえ}
前

前는 '이전(과거)'이라는 의미로 사용되는 말이에요.

이 외에 '앞'이라는 의미로도 사용할 수 있어요.

네이티브처럼
말할 수 있는 일본어 표현

상대방의 말을 듣고 뭔가를 알게 되었을 때 쓰는

なるほど

점검 포인트

🔊 31-1.mp3

Q 私のお母さん、チョコレートが大好きだったから、
私も好きになったんだ。

우리 엄마가, 초콜릿을 너무 좋아해서,
나도 좋아하게 됐어.

A なるほどね。

그렇구나.

알려줘요, 유카쌤!

なるほど는 상대방의 말을 '잘 이해했다'라는 것을 표현하기 위해 쓰는 말이에요. 상대방이 한 말을 듣고 뭔가를 알게 된 경우에 자주 사용해요.

なるほど는 선생님이나 상사에게 사용하면 실례가 되는 경우가 있어요. 그럴 때는 「**なるほど**！そうなんですね(**그렇구나**. 그런 거군요)」라든가 「あぁー！**なるほど**！知らなかったです(아-! **그렇구나**! 몰랐어요)」처럼 なるほど 뒤에 한마디 덧붙여 말하는 것이 좋아요.

➕ 비슷한 표현

そうですね 맞아요	確かに！ 그러네!	おっしゃる通りです 맞는 말씀이십니다
상대방의 의견에 동의한다는 뜻을 전할 수 있는 말이에요. 가볍게 동의할 때 사용할 수 있는, 가장 자주 쓰이는 표현이에요.	상대방의 의견에 매우 동의한다는 뜻을 전할 수 있는 말이에요.	직역하면 '말씀하신 대로입니다'라는 뜻이에요. 「おっしゃる(말씀하시다)」가 「言う(말하다)」의 존경어이므로 선생님이나 상사에게 자주 쓰는 표현이에요.

A 오늘, 머리가 아파서 말이야.

今日、頭が痛くてさ。

B **그렇구나**, 그래서 아침부터 별로 말이 없었구나.

なるほど、だから朝からあんまりしゃべってなかったんだ。

A '일본어의 숲'이 인기 있는 것은, 좋은 선생님이 많이 있기 때문이래.

「日本語の森」の人気があるのは、いい先生がたくさん
いるからなんだって。

B 그렇구나!

なるほど！

A 이 문제, 정말로 어렵네.

この問題、本当に難しいね。

B **맞아요.**

そうですね。

새 단어 チョコレート 초콜릿 | ～になる ~하게 되다 | 頭 머리 | 痛い 아프다 | だから 그래서 | 朝 아침 | あんまり 별로
しゃべる 말하다 | 森 숲 | 人気 인기 | ～だって ~래 | 問題 문제 | 本当に 정말로 | 難しい 어렵다

Unit 32

상대방을 칭찬하거나 상대의 말에 동의할 때 쓰는

いいね

 점검 포인트

🔊 32-1.mp3

Q 夏休（なつやす）み、みんなで海（うみ）に行（い）かない？
여름 방학에, 다 같이 바다에 가지 않을래?

A いいね！
좋지!

 알려줘요, 유카쌤!

いいね는 말 그대로 '좋다'는 뜻이에요. 상대방의 외모나 물건 등에 대해 칭찬할 때나, 상대방의 말에 대해 찬성이나 동의의 뜻을 전할 때 사용해요.

상대방을 칭찬할 때는 「いいね、すごく似合（にあ）ってる(멋지네, 굉장히 잘 어울려)」라든가 「その服（ふく）、色（いろ）がすごくいいね(그 옷, 색이 굉장히 예쁘네)」처럼 구체적으로 칭찬하는 경우가 많아요.

참고로 SNS에서 자주 보게 되는 '좋아요'버튼은 일본어로 いいね라고 합니다.

➕ 비슷한 표현

いい感（かん）じだね
괜찮네, 좋은 느낌이네

いいね와 같은 의미입니다. 다만 いいね라고 직접적으로 표현하는 것이 좀 부끄러울 때나 전체적인 느낌을 칭찬하고 싶을 때는 「感（かん）じ(느낌)」를 붙이는 경우가 종종 있습니다.
들었을 때의 느낌만 살짝 다를 뿐이니 いいね、いい感（かん）じだね 어느 쪽을 사용해도 괜찮습니다.

A 머리 스타일 바꿨어? 굉장히 **멋지네!**

かみ型変えた？すごくいいね！

B 고마워.

ありがとう。

A 점심, 먹으러 가지 않을래?

昼ごはん、食べに行かない？

B **좋지!**

いいね！

A 무라카미 씨의 아이디어, 굉장히 **좋네요.**

村上さんのアイデア、すごくいいですね。

B 고맙습니다.

ありがとうございます。

새 단어 夏休み 여름 방학 | みんなで 다 같이, 함께 | 海 바다 | すごく 굉장히 | 似合う 어울리다 | 服 옷 | 色 색
かみ型 머리스타일 | 変える 바꾸다 | 昼ごはん 점심(식사) | アイデア 아이디어

상대방의 말에 동의하지 않을 때 쓰는

うーん

점검 포인트

🔊 33-1.mp3

Q 明日、朝の6時に公園集合ね！

내일, 아침 6시에 공원 집합이다!

A うーん……9時にしない？6時は早すぎるよ。

음…… 9시로 하지 않을래? 6시는 너무 빨라.

알려줘요, 유카쌤!

うーん은 상대방의 말에 동의하지 않을 때나, 잘 이해가 되지 않을 때 사용해요.

아무 말도 하지 않고 있으면 상대방을 불안하게 할 수 있기 때문에 '지금 대답을 생각 중이다'라는 것을

표현하고 싶을 때도 사용하는 말이에요.

うーん이라고 하면서 고민하는 표정을 지으면 그 느낌이 더 잘 전달됩니다.

➕ 비슷한 표현

ええ…… 어……	いやぁ…… 아니……

うーん과 의미는 같지만, 반대 의견이나 불만이 있다는 느낌을 더 강하게 전달할 수 있어요.

A 이 옷 어때? 어울려?

この服どう？似合う？

B 음……그럭저럭.

うーん……まあまあかな。

A 이 문제, 이해했어?

この問題、わかった？

B 음.

うーん。

A 이 케이크 먹어도 괜찮아?

このケーキ食べていい？

B 음…….

うーん……。

새단어 公園 공원 | 集合 집합 | 早い 빠르다, 이르다 | ~すぎ 너무 ~하다 | 服 옷 | 似合う 어울리다 | まあまあ 그럭저럭
問題 문제 | わかる 이해하다, 알다 | ケーキ 케이크 | いい 괜찮다, 좋다

Unit **34**

강의 영상 34

상대방의 말에 놀라움을 표현할 때 쓰는

そうなの？

점검 포인트

🔊 34-1.mp3

Q	ゆか先生<small>せんせい</small>って、ベトナム語<small>ご</small>も話<small>はな</small>せるらしいよ。 유카 선생님, 베트남어도 말할 수 있다고 하네.
A	そうなの？ 그래?

알려줘요, 유카쌤!

そうなの는 상대방의 말에 대해 놀라움을 나타내는 말이에요. 예상했던 것과 다르거나 몰랐던 것을 알게 되어 놀랐을 때 사용해요.

そうなの라고 말할 때 놀란 얼굴로 마지막 の를 높여서 말하면, 놀랐다는 감정이 더 잘 전달됩니다.

そうなの……라고 조용하게 말하면 상대방의 말 때문에 슬프다는 느낌을 줄 수 있습니다.

➕ 비슷한 표현

本当<small>ほんとう</small>に？ 진짜로?	まじで？ / がちで？ 진심임? / 찐으로?
そうなの와 같은 의미입니다. 진짜인지 아닌지, 사실 여부를 묻는 것이 아니라 믿기 어려울 만큼 놀랐다는 느낌을 표현할 수 있습니다.	이건 속어라서 친한 친구 사이에서만 사용할 수 있으며 本当<small>ほんとう</small>に와 같은 의미입니다. まじ는 「真面目<small>まじめ</small>(진지함)」에서 온 말이고, がち는 「がちんこ(진검승부)」를 줄인 말입니다. 둘 다 '진심, 진지함'이라는 의미가 담겨있는 거죠.

A 유카 선생님, 다음 달에 결혼한다고 하네.

ゆか<ruby>先生<rt>せんせい</rt></ruby>、<ruby>来月<rt>らいげつ</rt></ruby><ruby>結婚<rt>けっこん</rt></ruby>するらしいよ。

B 에! 그래?

え！そうなの？

A 저 사람 이름, '토요타상'이 아니고 '토요다상'이야.

あの<ruby>人<rt>ひと</rt></ruby>の<ruby>名前<rt>なまえ</rt></ruby>、『とよたさん』じゃなくて『とよださん』だよ。

B 그래? 계속 잘못 알고 있었네.

そうなの？ずっと<ruby>間違<rt>まちが</rt></ruby>えてた。

A 나 내년에, 미국으로 유학 가.

<ruby>私<rt>わたし</rt></ruby><ruby>来年<rt>らいねん</rt></ruby>、アメリカに<ruby>留学<rt>りゅうがく</rt></ruby>するよ。

B 진짜로?

<ruby>本当<rt>ほんとう</rt></ruby>に？

새 단어 <ruby>話<rt>はな</rt></ruby>す 말하다, 이야기하다 | ~らしい ~라고 한다 | <ruby>来月<rt>らいげつ</rt></ruby> 다음달 | <ruby>結婚<rt>けっこん</rt></ruby>する 결혼하다 | <ruby>名前<rt>なまえ</rt></ruby> 이름 | ずっと 계속
<ruby>間違<rt>まちが</rt></ruby>える 잘못 알다, 잘못하다 | <ruby>来年<rt>らいねん</rt></ruby> 내년 | <ruby>留学<rt>りゅうがく</rt></ruby> 유학

강의 영상 35

상대방의 말을 잘 듣고 있다는 것을 나타낼 때 쓰는

へえー

🔊 35-1.mp3

Q 昨日、ゆか先生に会ったよ。
きのう　　せんせい　あ
어제, 유카 선생님 만났어.

A へえー！
아 진짜?

알려줘요, 유카쌤!

へえー는 상대방의 말을 잘 듣고 있다는 것을 전할 수 있는 표현이에요. 또, 상대방의 말에 대해 약간의 놀라움을 나타낼 수도 있으며, 그다지 놀라운 이야기는 아니더라도 처음 듣는 이야기일 경우 사용할 수 있어요.

へえー라고 말할 때는 고개를 끄덕이면서 감정을 실어 말해야 해요. 작은 목소리로 아무런 감정 없이 へえー라고만 하면 '당신 이야기는 지겨워요', '재미없어요'라는 말로 들릴 수 있어요.

へえー만 계속해서 연발하는 것 또한 이야기에 집중하고 있지 않다는 인상을 줄 수 있으므로 주의해야 합니다.

➕ 비슷한 표현

ふーん 흐음	そっかー 그렇군
へえー와 거의 비슷한 뜻이지만, へえー보다 상대방의 이야기에 관심이 없다는 듯한 느낌을 줄 수 있기 때문에 말할 때 주의해야 합니다.	상대방의 말을 이해했다는 것을 전할 때 사용합니다.

A 내일부터 여행 가!

明日<small>あした</small>から旅行<small>りょこう</small>に行<small>い</small>くんだ！

B 진짜? 좋겠다.

へぇー、いいなあ。

A 저 두 사람, 사귀고 있다고 하네.

あの2人<small>ふたり</small>、付<small>つ</small>き合<small>あ</small>ってるらしいよ。

B 어머, 그렇구나.

へぇー、そうなんだ。

A 무라카미 씨, 오늘 감기래.

村上<small>むらかみ</small>さん、今日<small>きょう</small>風邪<small>かぜ</small>だって。

B 그렇군. 그래서 오늘 오지 않았구나.

そっか。だから今日<small>きょう</small>来<small>こ</small>なかったんだ。

새 단어 旅行<small>りょこう</small> 여행 ｜ 付<small>つ</small>き合<small>あ</small>う 사귀다 ｜ ~らしい ~라고 한다 ｜ 風邪<small>かぜ</small> 감기 ｜ ~だって ~래, ~라는군 ｜ だから 그래서

강의 영상 36

'뭔가, 왠지'라는 의미로 쓰이는

なんか

🔊 36-1.mp3

Q 昨日、ゆか先生に会ったんでしょ？

어제, 유카 선생님 만났지?

A うん。でもなんか、あまり元気そうじゃなかったな。

응. 그런데 **뭔가**, 좀 기운이 없어 보였어.

- なんか는 何か의 음이 변화하여 생긴 말이에요.

- 「なんか食べたい(뭔가 먹고 싶어)」처럼 '무언가'라는 의미로 쓰이는 경우와
  「なんか頭が痛い(왠지 머리가 아파)」처럼 '왜인지(모르겠지만)'라는 의미로 쓰이는 경우가 있어요.

- 회화에서는 특별한 의미 없이 사용하는 경우가 많아요.

A 어제, 친구와 밥 먹으러 갔는데, **왜인지** 굉장히 사람이 많아서, 아무것도 먹지 않고 돌아갔어.

> 昨日、友だちとご飯食べに行ったんだけどさ、
> なんかすごい人が多くて、何も食べずに帰ったんだ。

B 에-, 그랬구나.

> えー、そうだったんだ。

A 새로 나온 영화, 벌써 봤어?

> 新しい映画、もう見た？

B 봤어! 그런데 **뭔가**, 스토리가 어려워서 재미있지 않았어.

> 見たよ！でもなんか、話が難しくて面白くなかったな。

A 답이 3번……? **뭔가** 이상하네.

> 答えが3番……？なんかおかしいね。

B 정말이네.

> 本当だね。

새 단어 ご飯 밥 | ~に行く ~(하)러 가다 | 何も 아무것도 | ~ずに ~(하)지 않고 | 帰る 돌아가다 | 映画 영화 | もう 벌써
話 스토리, 이야기 | 難しい 어렵다 | 面白い 재미있다 | 答え 답, 해답 | ~番 ~번 | おかしい 이상하다 | 本当 정말

강의 영상 37

'~라기 보다'라는 의미로 쓰이는

〜っていうか

점검 포인트

🔊 37-1.mp3

Q 今日、疲れてるね。
きょう　つか

오늘, 지쳐 있네.

A うん。疲れてるっていうか、すごく眠いんだよね。
　　　つか　　　　　　　　　　　　　　　ねむ

응. 지쳐 있다**기 보다**, 굉장히 졸려.

알려줘요, 유카쌤!

• 〜っていうか는 〜というか의 회화체예요.

• 〜っていうか는 '~라기 보다'라는 의미로, '~라기 보다 좀 더 딱 들어맞는 표현이 있다'라고 말하고 싶을 때 사용해요.

• 「ところで(그런데)」처럼 대화의 맨 앞에 붙여서 화제를 바꿀 때 사용하기도 해요.

A 다나카 군, 좋아해?

田中くんのこと、好きなの？田中くんのこと、好きなの？

B 아니, 뭐, **좋아한다기 보다**, 조금 궁금한 것 뿐이야.

いや、まぁ、好きっていうか、ちょっと気になるだけ。

A 어제 드라마, 봤어? 최고였지?

昨日のドラマ、見た？最高だったよね？

B 봤어 봤어! 진짜 재미있었어!
어라, **그런데**, 머리카락 잘랐어?

見た見た！めっちゃ面白かったなー！
あれ、っていうか、かみの毛切った？

A **그런데**…… 숙제는 끝났어?

っていうか……宿題は終わった？

B 아니, 아직…….

いや、まだ……。

새 단어 好きだ 좋아하다 | いや 아니 | 気になる 궁금하다 | ~だけ ~뿐 | ドラマ 드라마 | 最高 최고 | かみの毛 머리카락
切る 자르다(예외 1그룹) | 宿題 숙제 | 終わる 끝나다 | いや 아니 | まだ 아직

'~인가 싶어서'라는 의미로 쓰이는

〜みたいな

점검 포인트

🔊 38-1.mp3

Q その服、すごく似合ってるよ。買えば？

그 옷, 굉장히 잘 어울려. 사면 어때?

A うん。でも、ちょっと高いかな？みたいな。
かわいいけど……どうしよう！

응. 그런데, 조금 비싼가? 싶어서.
귀엽긴 하지만…… 어떡하지!

알려줘요, 유카쌤!

- 〜みたいな는 '~인가 싶어서'라는 의미로, 자신의 생각을 분명하게 표현하고 싶지 않을 때나
  분명하게 표현하기 부끄러울 때 자주 사용해요.

- 「みたいな感じ(~싶은 듯한 느낌)」처럼 뒤에 「感じ(느낌)」를 붙여 좀더 불분명한 말투를 쓰는 경우도 많아요.

- 문장 뒤에 みたいな를 붙이는 경우, 그러한 생각이 들었다는 의미가 됩니다.

상황 속에서 연습하기

38-2.mp3

A 어, 선물? 고마워!
그런데, 왜? 오늘, 생일 아닌데?

> え、プレゼント？ありがとう！
> でも、どうして？今日、誕生日じゃないよ？

B 어, 뭔가, 귀여운 옷을 찾아서.
좋아할까, **싶어서**.

> え、なんか、かわいい服を見つけたから。
> よろこぶかな、みたいな。

A 처음에는 그 사람 싫었는데, 이야기해 봤더니 제법 재미있어서,
정신을 차려보니 좋아하나? **싶은 듯한 느낌**이 들었어.

> 最初は彼のこと嫌いだったんだけど、話してみるとけっこう面白くて、
> 気がついたら好きかも？みたいな感じになってたんだよね。

B 에- 그렇구나.

> えーそうなんだ。

A 이 색은 어때?

> この色はどう？

B 아, 어울리는데, 근데 좀 너무 어린 느낌일까……? **싶은 듯한 느낌**……!

> あ、似合うけど、でもちょっと若すぎるかな……？みたいな感じ……！

새 단어 プレゼント 선물 | どうして 왜, 어째서 | 誕生日 생일 | なんか 뭔가 | 服 옷 | 見つける 찾다, 발견하다
よろこぶ 좋아하다 | 最初 처음 | ～けど ～는데 | けっこう 제법 | 気がつく 정신을 차리다 | 色 색 | 似合う 어울리다
若い 어리다

PART 3 네이티브처럼 말할 수 있는 일본어 표현　113

강의 영상 39

문장 앞에 붙여서 대화를 부드럽게 만드는

まあ

점검 포인트

🔊 39-1.mp3

Q スマホがなくなっちゃった。まあ、いいか！

스마트폰이 없어졌어. **뭐**, 괜찮겠지!

A よくないでしょ！早_{はや}く探_{さが}しに行_いこう！

안 괜찮지! 빨리 찾으러 가자!

알려줘요, 유카쌤!

● 문장 맨 앞에 붙여서 대화를 좀 더 부드럽게 만들기 위해 사용해요.

● まあ는 「**まあ**、いいか(**뭐**, 괜찮겠지)」처럼 '충분하진 않지만 참을 수 있다'라는 의미와
「**まあ**試_{ため}してみよう(**어쨌든 한번** 시도해 보지)」처럼 '잘 될 것 같진 않지만 한번 해봐야겠다'라는 의미 등으로
해석할 수 있어요.

● 회화에서는 특별한 의미 없이 사용하는 경우도 있어요.

상황 속에서 연습하기

🔊 39-2.mp3

A 뭐, 오늘은 이 정도에서 그만둘까.

まあ、今日はこれくらいでやめておこうか。

B 응, 그렇게 하자!

うん、そうしよう！

A 여기 조금 찢어졌네. **뭐, 괜찮겠지!**

ここちょっと破れたね。まあ、いいか。

B 그 정도는 괜찮아.

それくらいは大丈夫だよ。

A 시험 공부 전혀 안 했기 때문에 아마 떨어지겠지만,
어쨌든 한번 봐 볼게.

テスト勉強全然してないから多分落ちるだろうけど、
まあ受けてみるよ。

B 응, 힘내!

うん、頑張って！

새단어 くらい 정도 | やめる 그만두다 | 勉強 공부 | 全然 전혀 | 多分 아마 | 落ちる 떨어지다 | ~だろう ~겠지
~けど ~지만 | 受ける (시험을) 보다, 받다 | 破れる 찢어지다

PART 3 네이티브처럼 말할 수 있는 일본어 표현   115

Unit **40**

부정의 부정은 긍정

～ないこともない

 점검 포인트

🔊 40-1.mp3

Q あの店員さん、態度悪いね。私、文句言ってくる！

저 점원, 태도 나쁘네. 나, 컴플레인 하고 올게!

A 気持ちはわからないこともないけど、ちょっと落ち着いて。

기분 **이해할 수 없는 건 아닌**데(이해는 하는데), 좀 진정해.

 알려줘요, 유카쌤!

- 「ない(아닌)」것이 「ない(아니다)」즉 '그렇다'는 의미가 돼요. (부정의 부정은 긍정)

- 「食べないこともない(먹지 않는 것도 아니다)」라고 하면 '먹지 않는'것을 '하지 않는다'라는 말이므로 **'먹는다'**는 뜻이 돼요.

- 자신의 감정을 명확히 전하고 싶지 않을 때나, '자신 없음'을 표현하고 싶을 때 사용하는 표현이에요.

A 유카 집 근처에서 밥 먹고 있는데, 오지 않을래?

ゆかの家の近くでご飯食べてるんだけど、今から来ない？

B 어떡할까. **갈 수 없는 건 아닌**데(갈 수는 있는데)…….

どうしようかなー。行けないこともないんだけど……。

A 술은 **마실 수 없는 건 아닌**데(마실 수는 있는데), 그다지 좋아하지 않아.

お酒は飲めないこともないんだけど、あんまり好きじゃないんだよね。

B 그렇구나. 그럼, 콜라로 하자.

そうなんだ。じゃ、コーラにしよう。

A 아, 이거 유통기한 다 됐어!

あ、これ賞味期限切れてる！

B **먹을 수 없는 건 아닌**데(먹을 수는 있는데), 먹지 않는 편이 좋겠네.

食べられないこともないけど、食べないほうがいいね。

새 단어 近く 근처 | ご飯 밥 | ~けど ~는데 | お酒 술 | 飲む 마시다 | コーラ 콜라 | ~にする ~로 하다
賞味期限 유통기한 | 切れる 다 되다, 떨어지다 | ~ないほうがいい ~하지 않는 편이 좋다

강의 영상 41

예를 들며 제안할 때 쓰는

～とか

점검 포인트

🔊 41-1.mp3

Q このあとみんなでカラオケとか、どう？
이거 다음 다 같이 노래방(**이라든가**), 어때?

A 行こう！
가자!

알려줘요, 유카쌤!

- 「～とか ～とか(~라든가 ~라든가)」처럼 열거하며 예를 들 때 사용하는 말이에요.

- ～とか를 한 번만 사용하는 경우도 많아요.

- 회화에서는 특별한 의미 없이 사용하는 경우가 많아요.

상황 속에서 연습하기

🔊 41-2.mp3

A 이 옷(**이라든가**), 어때? 어울릴 거라고 생각하는데.

この服とか、どう？似合うと思うんだけど。

B 귀엽네! 입어 볼까!

かわいいね！着てみようか！

A 오늘 데이트인데, 비라니 최악이야……

今日デートなのに、雨なんって最悪……。

B 영화(**라든가**) 보는 것은 어때?

映画とか見るのはどう？

A 주말에, 시간 있어?

週末、時間ある？

B 응, 토요일(**이라든가**), 어때?

うん、土曜日とか、どう？

새단어 あと 다음, 이후 | みんなで 다 같이 | 服 옷 | 似合う 어울리다 | ~と思う ~라고 생각하다 | ~けど ~는데 | 着る 입다
~てみる ~(해) 보다 | デート 데이트 | ~のに ~는데 | 雨 비 | ~って ~라니 | 最悪 최악 | 映画 영화 | 週末 주말

PART 3 네이티브처럼 말할 수 있는 일본어 표현　119

Unit 42

강의 영상 42

문장의 끝에 붙이냐, 앞에 붙이냐에 따라 의미가 달라지는

けど

점검 포인트

🔊 42-1.mp3

> **Q** あの人見て！すごくかっこいいんだけど！
> ひとみ
> 저 사람 봐! 굉장히 멋있**는데**!

> **A** ほんとだ！イケメン！
> 진짜! 꽃미남!

알려줘요, 유카쌤!

- けど를 문장 끝에 붙이면 자신의 생각이나 감정을 좀 더 강조해서 말할 수 있어요.

- けど를 문장 맨 앞에 붙이면 「だけど(그러나)」、「けれども(그러나)」와 동일하게 '그러나'라는 뜻이 돼요.

- けど……로 말을 마무리하면서 하고 싶은 말을 얼버무리는 경우도 있어요.

A 뭐야 이거! 엄청 맛있는데!

なにこれ！めっちゃおいしいんだけど！

B 진짜!

ほんとう！

A 잠깐, 상담이 있는데⋯⋯(상담하고 싶어).

ちょっと、相談^{そうだん}があるんだけど⋯⋯(相談^{そうだん}したい)。

B 응, 무슨 일이야?

うん、どうしたの？

A 그거, 조금 먹어보고 싶은데⋯⋯(조금 주지 않을래?).

それ、少^{すこ}し食^たべてみたいんだけど⋯⋯(少^{すこ}しくれない？)。

B 좋아.

いいよ。

새단어 かっこいい 멋있다 | イケメン 꽃미남 | めっちゃ 엄청, 아주 | ちょっと 잠깐 | 相談^{そうだん} 상담 | ~たい ~(하)고 싶다
少^{すこ}し 조금 | ~てみたい ~(해) 보고싶다 | くれる 주다

강의 영상 43

의견을 부드럽게 전달할 수 있는

〜かな

점검 포인트

◀ 43-1.mp3

Q どっちがいいかな？
어느 쪽이 좋을**까나**?

A 私だったらこっちにするかな。
나라면 이쪽으로 **할 듯**.

알려줘요, 유카쌤!

- 「これ、おいしいかな？(이거, 맛있을까나?)」와 같이 '~일지 어떨지 모르겠다'라는 의미로 사용되는 말이에요.

- 문장 끝에 かな를 붙임으로써 조금 더 부드럽게 의견을 전달할 수도 있어요.
  이때의 かな는 '~할 듯, ~일 듯'이라는 뜻이에요.

- 상대방에게 조언을 하거나 주의를 줄 때 「〜た方がいい(~하는 편이 좋다)」라는 표현을 사용하는데요,
  이때 뒤에 かな를 붙여 「〜た方がいいかな(~하는 편이 좋을 듯, ~하는 편이 좋겠다)」라고 하면
  좀 더 상냥한 표현이 돼요.

A 이거, 내일까지 할 수 있을**까나**?

> これ、明日までにできる**かな**？

B 아, 네. 알겠습니다.

> あ、はい。分かりました。

A 있잖아, 어느 쪽이 어울려?

> ねぇ、どっちが似合う？

B 음…, 빨간 색이 좋을 듯.

> うーん、赤色がいいかな。

A 회의 중에는 조금 더 큰 목소리로 **이야기하는 편이 좋을 듯**, 생각해.

> 会議中はもう少し大きな声で話した方がいいかな、と思うよ。

B 알겠습니다.

> 分かりました。

새단어 どっち 어느 쪽 | ~たら ~라면, ~(하)면 | こっち 이쪽 | ~にする ~로 하다 | ~までに ~까지 | できる 할 수 있다
分かる 알다 | 似合う 어울리다 | 赤色 빨간색 | 会議 회의 | ~中 ~중 | もう 더 | 少し 조금 | 大きな 큰 | 声 목소리
話す 이야기하다 | ~と思う ~라고 생각하다

강의 영상 44

상대방에게 함께 할 것을 제안할 때 쓸 수 있는

もしよかったら……

점검 포인트

🔊 44-1.mp3

Q 会社の隣に、新しくおしゃれなカフェができたらしいですよ。

회사 옆에, 새로 멋진 카페가 생겼다고 해요.

A そうなんですか！もしよかったら、一緒に行きませんか。

그래요? **혹시 괜찮다면**, 함께 가지 않을래요?

알려줘요, 유카쌤!

- '혹시 괜찮다면', '만약 괜찮다면'이라는 의미의 표현이에요.

- 무언가 함께할 것(특히 식사)을 제안할 때나 부탁할 때, 앞에 もしよかったら를 붙이면
  부드러운 표현이 됩니다.

- もしよかったら를 문장 앞에 붙이면 상대방도 거절할 때 부담이 덜해요.

- もしよかったら뒤에는 「～ませんか(~(하)지 않을래요?)」, 「～ましょう(~(합)시다)」,
  「～てください(~(해) 주세요)」등의 표현이 이어집니다.

➕ 비슷한 표현

もしよければ 혹시 괜찮다면	もしよかったらでいいんですけど…… 혹시 괜찮다면 말인데요……
たら가 ば로 바뀌었을 뿐 もしよかったら와 의미는 동일합니다.	뒤에 でいいんですけど를 붙이면 もしよかったら보다 더 부드러운 표현이 됩니다.

A 유카 선생님이죠! **혹시 괜찮다면**, 함께 사진을 찍어 주시겠습니까?

> ゆか先生ですよね！もしよかったら、
> 一緒に写真を撮ってもらえませんか？

B 네, 좋아요.

> はい、いいですよ。

A **혹시 괜찮다면**, 내일 함께 식사하지 않겠습니까?

> もしよかったら、明日一緒にお食事しませんか。

B 내일 몇 시요?

> 明日何時ですか。

A **혹시 괜찮다면**, 함께 커피 사러 가지 않을래?

> もしよければ、一緒にコーヒー買いに行かない？

B 좋지!

> いいね！

새 단어 会社 회사 | 隣 옆, 이웃 | 新しく 새로 | おしゃれな 멋진 | カフェ 카페 | できる 생기다 | ~らしい ~라고 하다
一緒に 함께 | 写真 사진 | 撮る 찍다 | ~てもらえませんか ~(해) 주시겠습니까 | 食事 식사 | 何時 몇 시
コーヒー 커피 | 買う 사다 | ~に行く ~(하)러 가다

'미안하지만'이라는 의미로 쓰이는

悪_{わる}いんだけど……

점검 포인트

🔊 45-1.mp3

> **Q** 何_{なに}か手伝_{て つだ}いましょうか。
>
> 뭐 좀 도와줄까요?

> **A** あ、じゃあ悪_{わる}いんだけど、この仕事_{し ごと}お願_{ねが}いしてもいい？
>
> 아, 그럼 **미안하지만**, 이 일 좀 부탁해도 돼?

알려줘요, 유카쌤!

- 상대방에게 무언가를 부탁할 때 자주 쓰는 말이에요.

- 앞에 悪_{わる}いんだけど를 붙여서 부탁하면 '나도 이런 부탁을 하는 것이 미안하지만, 꼭 좀 해줬으면 좋겠어!'라
  는 뉘앙스가 있기 때문에 상대방이 거절하기 어려워집니다.
  상대방이 꼭 들어줬으면 하는 부탁을 할 때는 이 표현을 사용합시다.

- 여기서 悪_{わる}い는 '나쁘다'는 의미가 아닌, '죄송하다'는 의미예요.

➕ 비슷한 표현

申_{もう}し訳_{わけ}ないんだけど…… 죄송합니다만……	大変申_{たいへんもう}し訳_{わけ}ありませんが……／大変恐縮_{たいへんきょうしゅく}ですが…… 대단히 죄송합니다만……／대단히 송구합니다만……
悪_{わる}いんだけど와 같은 의미지만, 조금 더 정중한 뉘앙스의 표현입니다.	悪_{わる}いんだけど와 같은 의미지만, 주로 직장에서 사용하는 표현입니다.

A 미안하지만, 도와주지 않을래?

悪いんだけど、手伝ってくれない？

B 아, 미안……지금 좀 바빠서…….

あ、ごめん……今ちょっと忙しくて……。

A 미안하지만, 마중 와 줄래?

悪いんだけど、迎えに来てくれる？

B 알겠어. 그럼, 조금 기다려!

分かった。じゃあ、ちょっと待ってて！

A 미안하지만, 먼저 돌아가도 괜찮아? 머리가 아파.

悪いんだけど、先に帰ってもいい？頭が痛いんだ。

B 좋아! 빨리 돌아가서 푹 쉬어!

いいよ！早く帰ってゆっくり休んでね！

새 단어 何か 뭔가 ｜ 手伝う 도와주다, 돕다

강의 영상 46

고마움을 표현하면서 거절할 때 앞에 붙이는

せっかくなんだけど……

점검 포인트

🔊 46-1.mp3

Q 週末、会社のみんなでバーベキューするつもりなんだけど、
村上さんもどう？

주말에, 회사 사람들 다같이 바비큐파티 할 작정인데, 무라카미 씨도 오면 어때?

A せっかくなんだけど、週末は予定があるんだ。
誘ってくれてありがとう。

고맙지만, 주말은 일정이 있어. 불러 줘서 고마워.

알려줘요, 유카쌤!

● せっかくなんだけど는 '고맙지만……'이라고 하면서 거절할 때 사용하는 말이에요.

● 상대방이 나를 생각해서 초대해 주거나 무언가를 해주었을 때 고마운 마음을 전하면서 거절할 수 있는 표현
이에요.

➕ 비슷한 표현

せっかくだから…… 모처럼 ~니까……	せっかくの〇〇なんだけど…… 모처럼의 ~지만……
だから가 뒤에 붙을 때는 거절의 의미로는 쓰지 않습니다.	'모처럼의 초대지만', '모처럼의 기회지만'과 같이 구체적인 단어를 넣어 사용하는 경우도 있습니다.
• せっかくだからいただきます。 **모처럼 주신 거니까** 잘 먹겠습니다. • せっかくだから行きましょう。 **모처럼이니까** 갑시다.	• せっかくのお誘いなんだけど **모처럼의 초대지만** • せっかくの機会なんだけど **모처럼의 기회지만**

A 이 케이크, 좀 먹을래?

> このケーキ、ちょっと食べる？

B **고맙지만**, 지금은 필요하지 않아.
다이어트 중이야.

> せっかくなんだけど、今はいらないや。
> ダイエット中なんだ。

A 내일 이벤트, 참가할 수 있지?

> 明日のイベント、参加できるよね？

B **(말씀은) 감사하지만** 참가할 수 없습니다…….
죄송합니다.

> せっかくなんだけど参加できないです……。
> すみません。

A 아이스크림 사 왔는데, 먹을래?

> アイス買ってきたんだけど、食べる？

B 감사합니다!
모처럼 사 주셨으니까 잘 먹겠습니다.

> ありがとうございます！
> せっかくだからいただきます。

새 단어 ケーキ 케이크 | 食べる 먹다 | いる 필요하다 | 明日 내일 | 参加 참가 | 買う 사다

강의 영상 47

개인적인 의견을 말할 때 앞에 붙이는

個人的には……
(こ じんてき)

점검 포인트

🔊 47-1.mp3

Q この部屋の壁、緑色なんだ。かわいいね。
(へ や) (かべ) (みどりいろ)

이 방의 벽, 초록색이네. 귀엽네.

A ありがとう。個人的には青色が好きなんだけどね。
(こ じんてき) (あおいろ) (す)

고마워. **개인적으로는** 파란색을 좋아하지만.

알려줘요, 유카쌤!

● 개인적인 의견을 말할 때 사용해요.

● 다른 사람들의 의견이 아니라 '나'의 의견이라는 것을 강조하는 표현이에요.

➕ **비슷한 표현**

直感では…… (ちょっかん) (내) 직감으로는……	感想としては…… (かんそう) (내) 느낌으로는……
'내가 지금 느낀 바로는'이라는 뜻입니다. '이유를 분명하게 말할 수는 없지만 그렇게 생각한다'고 할 때 사용합니다.	객관적인 정보나 자료를 근거로 한 것이 아니라 '내가 느낀 것'을 바탕으로 말할 때 사용합니다.

🔊 47-2.mp3

A 머리카락 잘랐는데, 모두에게 어울리지 않는다고 들어~.

かみの毛切ったんだけど、みんなに似合わないって言われるんだ〜。

B 그래? **개인적으로는** 이전의 머리 스타일보다 좋은데.

そう？個人的には前のかみ型より好きだけどな。

A 이 디자인, 어떻게 생각합니까?

このデザイン、どう思いますか。

B 꽤 좋다고 생각해. 근데, **개인적으로는** 전체적으로 더 밝은 색을 사용하는 편이 좋을 거라고 생각해.

かなりいいと思うよ。でも、個人的には全体的にもっと明るい色を使った方がよくなると思う。

A 여기 인테리어 굉장히 멋지네요!

ここのインテリアすごくおしゃれですね！

B 네. 그렇지만, **개인적으로는** 조금 더 차분한 느낌을 좋아해요.

はい。でも、個人的にはもう少し落ち着いた感じが好きですね。

새 단어 部屋 방 | 壁 벽 | 緑色 초록색

Unit 48

상대방이 이미 알고 있을 수도 있는 정보를 말할 때 앞에 붙이는

知ってるかもしれないけど……

 점검 포인트

🔊 48-1.mp3

Q もう知ってるかもしれないけど、今日の会議、
明日に変更になったよ。

이미 **알고 있을지도 모르겠지만**, 오늘 회의,
내일로 변경이 됐어.

A さっき部長に聞いた。ありがとう。

아까 부장님한테 들었어. 고마워.

 알려줘요, 유카쌤!

● 상대방이 이미 알고 있을 수도 있는 정보에 대해 말할 때 사용해요.

「聞く(듣다)」라는 동사를 사용해서 「聞いたかもしれないけど(들었을지도 모르겠지만)」라고 해도돼요.

➕ 비슷한 표현

知ってると思うけど…… 알다시피……	ご存知だと思いますが…… 아시겠지만……
知ってるかもしれないけど보다 상대방이 알고 있을 가능성이 더 높은 경우에 사용합니다.	선생님이나 상사 등 윗사람에게도 사용할 수 있는 정중한 표현입니다.

A 알고 있을지도 모르겠지만, 저 가게 다음 달 폐점한대.

知ってるかもしれないけど、あのお店来月閉店するんだって。

B 헉-! 아쉽네…….

えぇー！残念だなあ……。

A 이미 알고 있을지도 모르겠지만, 이직하려고 생각하고 있어.

もう知ってるかもしれないけど、転職しようと思ってるんだよね。

B 역시, 그렇구나.

やっぱり、そうなんだ。

A 이미 들었을지도 모르겠지만, 실은 지난주부터 인배 씨랑 사귀고 있어.

もう聞いたかもしれないけど、実は先週からインベさんと
付き合ってるんだ。

B 응, 눈치채고 있었어!

うん、気づいてたよ！

새 단어 知る 알다 | ~かもしれない ~일지도 모른다 | ~けど ~지만 | もう 이미 | 会議 회의 | 変更 변경
~になる ~이 되다, ~가 되다 | さっき 아까 | 部長 부장(님) | 聞く 듣다

상대방이 놀랄 만한 정보를 말할 때 앞에 붙이는

信^{しん}じられないかもしれないけど······

 **점검 포인트**

49-1.mp3

Q どうしたの？うれしそうだね。
무슨 일이야? 기뻐 보이네.

A うん！信^{しん}じられないかもしれないけど、さっきカフェで
『日本語の森^{にほんご もり}』のゆか先生^{せんせい}に会^あったんだ！
응! **믿을 수 없을지도 모르겠지만**, 아까 카페에서
'일본어의 숲'의 유카 선생님을 만났어!

 **알려줘요, 유카쌤!**

- 상대방이 놀랄만한 정보를 말할 때 사용해요.

- '믿을 수 없을 정도로 놀라겠지만 정말이다'라는 뉘앙스를 전하기 위해 사용해요.

➕ **비슷한 표현**

信^{しん}じられないと思^{おも}うけど······ 믿기 어렵겠지만······	びっくりすると思^{おも}うけど······ 깜짝 놀라겠지만······
信^{しん}じられないかもしれないけど보다 더 믿기 어려운 이야기를 할 때 사용합니다.	회화에서 자주 사용하는 표현입니다.

A 믿을 수 없을지도 모르겠지만, N1에 합격했어.

信じられないかもしれないけど、N1に合格したんだ。

B 오- 대단해! 축하해!

えぇーすごい！おめでとう！

A 믿을 수 없을지도 모르겠지만, 복권에 당첨됐어.

信じられないかもしれないけど、宝くじに当たったんだ。

B 정말?! 좋겠다…….

本当？！いいな……。

A 믿을 수 없을지도 모르겠지만, 어제 인배 씨에게 고백받았어!

信じられないかもしれないけど、昨日インベさんに告られた！

B 어? 그래서, 뭐라고 대답했어?

え？で、何て答えたの？

새 단어   信じる 믿다 ┃ 合格 합격 ┃ 宝くじ 복권 ┃ 当たる 당첨되다, 맞다 ┃ 告る 고백하다 ┃ 告られる 고백받다

강의 영상 50

문장을 이어서 말할 때 중간에 넣는

～したんだけど……

🔊 50-1.mp3

Q 先週の日本語の試験、受けてみたんだけど全然できなかったよ。
せんしゅう　にほんご　しけん　う　　　　　　　　　　　　　　　ぜんぜん

지난주 일본어 시험, 응시해 **봤는데** 아주 못했어.

A まだ結果出てないんでしょ？合格かもしれないよ。
けっか で　　　　　　　　　こうかく

아직 결과 나오지 않았잖아? 합격일지도 몰라.

- 자신이 경험한 것을 말할 때 자주 사용해요.

- ～したんだけど에서「だけど(그러나, 그렇지만)」에 역접의 의미는 없어요.
  여기서는「～して(~해서)」,「それで(그래서)」와 같이 문장을 이어주는 역할을 합니다.

➕ 비슷한 표현

～さ
~인데 말이야

「昨日遊園地に行ってさ、すごく楽しかった！(어제 놀이공원에 **갔는데 말이야**, 굉장히 즐거웠어!)」와
きのうゆうえんち い　　　　　　たの

같이 ～したんだけど처럼 문장을 이어 주는 역할을 합니다.

A 어제 놀이공원에 **갔었는데**, 굉장히 즐거웠어!

> 昨日遊園地に行ったんだけど、すごく楽しかった！

B 음~ 좋겠다. 다음번에, 같이 가자.

> へぇ〜いいな。今度、一緒に行こうよ。

A 스스로 도시락을 **만들었는데**, 굉장히 맛있게 됐어!

> 自分でお弁当を作ったんだけど、すごくおいしくできた！

B 오~, 맛보기 해보고 싶네.

> えぇー、味見してみたいな。

A 아까 공원에 **갔었는데**, 초등학생으로 가득했어.

> さっき公園に行ったんだけど、小学生でいっぱいだったよ。

B 그렇구나. 지금, 여름방학이니까.

> そっか。今、夏休みだからね。

새 단어 遊園地 놀이공원, 유원지 | すごく 굉장히 | 楽しい 즐겁다 | 自分で 스스로 | お弁当 도시락 | 作る 만들다
できる 되다 | さっき 아까 | 公園 공원 | 小学生 초등학생 | いっぱい 가득

Unit 51

강의 영상 51

이유를 물을 때와 화가 났을 때 쓰는

なんで?

점검 포인트

🔊 51-1.mp3

Q 今日の服、あまり似合ってないね。かみの毛も切ったんだ。
前の方がよかったな。

오늘 옷, 그다지 어울리지 않네. 머리도 잘랐구나.
전이 괜찮았는데.

A なんでそんなことばっかり言うの？

왜 그런 것만 말해?

알려줘요, 유카쌤!

● '어째서, 왜'라는 의미의 표현이에요. 이유를 물을 때 사용하는 말이에요.

● 화가 났을 때도 사용할 수 있어요. 이때 なんで는 '왜'라는 의미가 아닌,
'뭐'라는 의미로 화난 감정을 표현하는 말이에요.

A 왜 이런 것도 몰라?

なんでこんなこともわからないの？

B 죄송합니다. 그렇게 화내지 말아 주세요.

ごめんなさい。そんなに怒らないでください。

A 미안해. 빌린 책 잃어버렸어.

ごめん。借りてた本なくしちゃった。

B 뭐? 뭔 소리야. 제대로 돌려줘.

なんで？意味わからない。ちゃんと返してよ。

A 왜 약속 깼어?

なんで約束破ったの？

B 미안해. 다음부터는, 반드시 지킬 테니까 용서해 줘!

ごめん。次からは、必ず守るから許して！

새 단어 わからない 모르다(직역: 알지 않다) | 借りる 빌리다 | なくす 잃다
意味わからない 뭔 소리야(직역: 의미를 모르겠다) | ちゃんと 제대로 | 返す 돌려주다

Unit **52**

강의 영상 52

화가 났다는 것을 분명하게 드러내고 싶을 때 쓰는

むかつく

점검 포인트

🔊 52-1.mp3

Q
さっきレジに並んでたら、
いきなりおばさんが私の前に入ってきたんだ。

아까 계산대에 줄을 서 있었는데,
갑자기 아줌마가 내 앞으로 들어왔어.

A
えー！そういうの、むかつくよね。

헐! 그런 거, **열받지**.

알려줘요, 유카쌤!

● '열받다, 화나다'라는 의미의 표현이에요.

● 불쾌한 기분이 들 때, 화가 났을 때 사용하는 말이에요.

● 화가 났다는 것을 분명하게 나타낼 수 있는 표현이에요.

140 유카쌤이 알려주는 진짜 일본어 대표 문장 390

A 어제 부장님이 내 욕을 큰 소리로 했어.

昨日部長が私の悪口を大声で言ってたんだよね。

B 뭐야 그게. **열받겠다.**

なにそれ。むかつくね。

A 잠깐 이 쓰레기, 버려 줄래?

ちょっとこのごみ、捨てておいてくれる？

B 뭐? 왜 너에게 명령받아야 하는데? **열받아.**

は？なんであなたに命令されなきゃいけないの？むかつく。

A 이야기를 들은 것만으로, 진짜 **열받아.**

話を聞いただけで、本当にむかつく。

B 침착해.

落ち着いて。

새 단어 部長 부장님 | 悪口 욕 | 大声 큰 소리 | ごみ 쓰레기 | 捨てる 버리다 | 命令される 명령받다 (명령 당하다)
~なきゃいけない ~해야 한다 (~하지 않으면 안 된다)

강의 영상 53

상대방에게 진지함을 요구하고 싶을 때 쓰는

ふざけないで

점검 포인트

🔊 53-1.mp3

Q
そんなに怒らないでよ～。笑って笑って！

그렇게 화내지 마~. 웃어 웃어!

A
ふざけないでよ。真剣に話してるんだから。

웃기지 마. 진지하게 이야기하고 있으니까.

알려줘요, 유카쌤!

● 「ふざける(장난치다, 농담하다)」는 장난을 치거나 농담을 하는 등 진지하지 않은 상태를 표현하는 말이에요.

● 상대방이 실제로 장난을 친 것이 아니더라도 좀 더 진지하게 생각해 줬으면 할 때 사용해요.

● 살짝 변형하여 「ふざけてるの？(장난치냐?)」, 「ふざけんなよ(웃기지 마라)」라고도 할 수 있어요.

A

자료 확인했는데, 미스가 너무 많아.
장난치냐? 전부 다시 해.

資料確認したけど、ミスが多すぎる。
ふざけてる？全部やり直して。

B

네. 죄송합니다.

はい。申し訳ありませんでした。

A

유카는 머리가 나쁘니까, 뭐 합격할 수 없다고 생각하는데.

ゆかは頭が悪いから、まあ合格できないと思うけど。

B

뭐? **장난치냐?**

なに？ふざけてるの？

A

아 진짜, **장난치지 마**.

ちょっと、ふざけないでよ。

B

미안 미안, 제대로 이야기 듣고 있어.

ごめんごめん、ちゃんと話聞いてるよ。

새 단어 資料 자료 | 確認 확인 | ~けど ~는데 | ミス 미스, 실수 | 多い 많다 | ~すぎる 너무 ~하다 | 全部 전부
やり直す 다시 하다 | 頭 머리 | 悪い 나쁘다 | ~から ~니까 | 合格 합격 | できる 할 수 있다
~と思う ~라고 생각하다

Unit 54

강의 영상 54

'말도 안 돼!'라는 의미로 쓸 수 있는

ありえない！

점검 포인트

54-1.mp3

Q ごめん！今起きた。1時間くらい遅れると思う……。

미안! 지금 일어났어. 1시간 정도 늦을 거라고 생각해…….

A は？ありえない！もう今日はデートしない！

뭐? **말도 안 돼!** 오늘은 데이트 안 해!

알려줘요, 유카쌤!

- 「ます형 + えない」는 '~할 수 없다'라는 의미이므로 ありえない는 '있을 수 없다' 즉, '말도 안 된다'라는 뜻이 돼요.

- 상대방의 말이나 행동에 대해 '좋지 않다, 나쁘다'라는 의견을 말하고 싶을 때 사용해요.

- ありえない와 같은 의미로 「信じられない！(믿을 수 없어!)」도 자주 사용해요.

A 이제 슬슬 오빠, 용서해 주면 어때?

そろそろお兄ちゃんのこと、許してあげたら？

B **말도 안 돼**지. 평생 용서 안 해.

ありえないでしょ。一生許さない。

A 어라? 뭔가 오늘 평소보다 귀엽지 않은데.

あれ？なんか今日いつもよりかわいくないな。

B **믿을 수 없어**! 왜 그런 말을 해?!

信じられない！なんでそんなこと言うの？！

A 있잖아, 인배쨩 도쿄대에 합격했대.

ねぇ、インベちゃん東大に合格したんだって。

B 뭐- **말도 안 돼**! 그렇게 공부 열심히 하지 않았는데.

えーありえない！そんなに勉強頑張らなかったのに。

새 단어 そろそろ 이제 슬슬 | ゆるす 용서하다 | ～てあげる ~해 주다 | ～たら ~하면 어때 | 一生 평생 | なんか 뭔가
いつも 평소, 보통 때 | より 보다 | 信じる 믿다 | なんで 왜

강의 영상 55

Unit 55

짜증이 났을 때 쓰는

いらいらする

점검 포인트

55-1.mp3

Q ゆか、まだ来^こないね。寝^ねてるんじゃない？

유카, 아직 안 오네. 자고 있는 거 아니야?

A そうだよね。電話^{でんわ}しても出^でないし。もういらいらする！

그러게. 전화해도 안 받고. **짜증나!**

알려줘요, 유카쌤!

● いらいらする는 '짜증나다'라는 의미의 표현이에요.

● 하고 싶은 일이 뜻대로 안되거나 상대방에게 기분 나쁜 일을 당해서 기분이 언짢을 때 사용하는 말이에요.

● Unit 052의 むかつく와 마찬가지로 '화가 났다'는 것을 분명하게 나타낼 수 있는 말이에요.

상황 속에서 연습하기

🔊 55-2.mp3

A 우와~ 길이 굉장히 붐빈다.

うわ〜道がすごく混んでいる。

B 진짜! **짜증나.**

本当！いらいらするなあ。

A 배고파! 빨리 밥 먹고 싶어! 빨리!

もうお腹すいた！早くご飯食べたい！早く！

B 알았어, 알았어. 그렇게 **짜증내지 마.**

わかった、わかった。そんなにいらいらしないで。

A 아침부터 계속 실수만 해서, 진짜 **짜증나!**

朝からミスしてばかりで、マジいらいらする！

B 그럼, 맛있는 것이라도 먹으러 가자.

じゃ、おいしいものでも食べに行こうよ。

새 단어 道 길 ǀ 混む 붐비다 ǀ お腹 배 ǀ すく (속이) 비다, 허기지다 ǀ わかる 알다 ǀ ~てばかり 계속 ~만하다 ǀ ~でも ~라도

PART 3 네이티브처럼 말할 수 있는 일본어 표현 **147**

상대방에게 무시당하고 있다는 생각이 들 때 쓰는

バカにしてる？

점검 포인트

🔊 56-1.mp3

Q これ、できる？
이거, 할 수 있어?

A バカにしてる？できるに決まってるじゃん。
무시하는 거야? 당연히 할 수 있지.

알려줘요, 유카쌤!

- バカにする는 '무시하다, 깔보다'라는 의미의 표현이에요.

- 상대방이 나를 얕보거나 우습게 보는 듯한 말이나 행동을 했을 때 사용해요.

- ない를 붙인「バカにしないで！(무시하지 마!)」라는 표현도 자주 사용해요.

A 대단해! 히라가나 읽을 수 있네!

> すごい！ひらがなが読^よめるんだね！

B **무시하는 거야?** 이런 건 간단하지.

> バカにしてる？こんなの簡単^{かんたん}だよ。

A 유카는 영어 할 수 없지~?

> ゆかは英語^{えいご}できないよね〜？

B 잠깐……나 **무시하는 거야?!**

> ちょっと……私^{わたし}のことバカにしてるの？！

A 이 책 재미있어. 아, 근데 유카에게는 조금 어려울 수도.

> この本面白^{ほんおもしろ}いよ。あ、でもゆかにはちょっと難^{むずか}しいかもね。

B **무시하지 마!**

> バカにしないで。

새 단어 ~に決^きまっている 당연히 ~다, 반드시 ~다(직역: ~로 정해져 있다) | 読^よむ 읽다 | 簡単^{かんたん}だ 간단하다 | 面白^{おもしろ}い 재미있다
でも 근데 | 難^{むずか}しい 어렵다

강의 영상 57

상대방과의 대화가 더 이상 의미 없다는 생각이 들 때 쓰는

もういい！

 점검 포인트

🔊 57-1.mp3

Q ごめん。許^{ゆる}して。

미안해. 용서해줘.

A もういい。顔^{かお}も見^みたくない。

됐어. 얼굴도 보고 싶지 않아.

 알려줘요, 유카쌤!

● もういい는 '됐다, 더 이상 필요 없다, 이제 포기하겠다'라는 의미의 표현이에요.

● 내가 부탁한 것을 상대방이 제대로 들어주지 않았을 때 사용해요.

● 특정 주제에 대해 더 이상 이야기하고 싶지 않을 때도 사용할 수 있어요.

 57-2.mp3

A 선생님, 수업에 늦어서 죄송합니다.
그리고, 숙제를 잊어버려서…… 교과서도 집에 놓고 왔어요…….

先生、授業に遅れてすみません。
あと、宿題を忘れちゃって……教科書も家に忘れました……。

B 그렇습니까? **됐습니다**. 교실에서 나가 주세요.

そうですか。もういいです。教室から出て行ってください。

A 있잖아, 왜 그렇게 화나 있어?

ねえ、なんでそんなに怒ってるの？

B **됐다**. (나를) 가만히 내버려둬.

もういい。ほっといて。

A 미안해! 연락한다고 말했는데 잊고 있었어…….

ごめん！連絡するって言ったのに忘れてた……。

B **됐다**. 지난 일이니까.

もういい。過ぎた事だから。

새단어 なんで 왜 | 怒る 화내다 | ほっといて 가만히 내버려둬 | 授業 수업 | 遅れる 늦다 | あと 그리고 | 宿題 숙제
忘れる 잊다, 놓고 오다(잊고 오다) | 教科書 교과서 | 教室 교실

Unit 58

강의 영상 58

'피곤하다, 지쳤다'라는 상태를 나타내는

疲れたー！
つか

점검 포인트

🔊 58-1.mp3

Q ただいまー！あぁ、疲れたー！
つか

다녀왔습니다-! 아-, **피곤하다-!**

A お疲れ様。
つか　さま

수고했어.

알려줘요, 유카쌤!

疲れた는 '피곤하다'라는 의미이며, 아래와 같이 다양한 표현으로 사용할 수 있습니다.
つか

● だるー: 귀찮아

　몸을 움직이고 싶지 않을 때 사용하는 말이에요.

　왠지 모르게 피곤할 때나, 해야 할 일이 있는데 하기 귀찮을 때 자주 사용해요.

● しんどい: 빡세다

　아무것도 하기 싫을 만큼 지쳤을 때 사용하는 말이에요.

　정신적으로 지쳤을 때 보다 신체적으로 지쳤을 때 사용하는 경우가 많아요. 짧게 しんど라고 말하기도 해요.

● もう動けない: 움직일 힘도 없어(직역: 이제 움직일 수 없어)
　　うご

　더 이상 움직일 수 없을 만큼 피곤할 때 사용하는 말이에요.

　정말로 움직일 수 없다는 것이 아니라 손가락도 까딱 못할 정도로 피곤하다는 뜻이에요.

● もう無理: 더는 못해(직역: 이제 무리야)
　　む り

　일본어에서 「無理(무리)」는 「できない(할 수 없다, 못한다)」라는 의미예요.

　더는 불가능하다는 것을 말하고자 할 때 사용해요.

A 학교 가는거 **귀찮아**.

> 学校行くのだるー。

B 그럼, 학교 안 가?

> じゃ、学校行かないの？

A 하아~! **빡세다**.

> はぁー！しんどい。

B 그럼, 조금 쉬면 어때?

> じゃ、少し休んだら？

A **더는 못해**. 아무것도 하고 싶지 않아.

> もう無理。何もしたくないよ。

B 진짜! 오늘은 이제 그만두고, 내일 또 하자!

> ホント！今日はもうやめて、また明日しよう！

새 단어 疲れる 지치다 ㅣ 少し 조금 ㅣ 休む 쉬다 ㅣ もう 더, 이제 ㅣ やめる 그만두다 ㅣ また 또

'괴롭다'는 감정을 나타내는

つらい!

점검 포인트

🔊 59-1.mp3

Q 残業^{ざんぎょう}はつらい。

잔업은 **괴로워**.

A そうだね。今日^{きょう}はもう帰^{かえ}ろう。

그렇지. 오늘은 이제 돌아가자.

알려줘요, 유카쌤!

つらい는 '괴롭다'라는 의미이며, 아래와 같이 다양한 표현으로 사용할 수 있습니다.

- **つら: 괴롭**

  つらい를 짧게 줄인 말

- **もう、涙出^{なみだで}てくる: 눈물 날 것 같아(직역: 눈물 나온다)**

  눈물이 날 만큼 괴로울 때 사용해요. 「もう泣^なきそう(울고 싶다(직역: 울 것 같다))」라는 표현도 사용해요.

- **もう無理^{むり}: 더는 못해(직역: 이제 무리야)**

  앞 페이지에서 다룬 것과 같이 지쳤다는 감정을 표현할 때도 사용하지만,

  '더 이상 버틸 수 없다'라는 의미로도 사용해요. 버틸 수 없을 만큼 정신이 쇠약해져서 괴롭다는 말이에요.

- **もういや: 정말 싫다**

  괴로워서 아무것도 하고 싶지 않을 때 사용해요.

- **最悪^{さいあく}: 최악이다**

  정말 괴로운 일이나 싫은 일, 고통스러운 일이 있을 때 사용해요.

A 아-, **괴롭**. 울 것 같아.

あー、つら。泣きそうだなよ。

B 나도. 이제 너무 괴로워.

私も。もうつらすぎるよ。

A 숙제 이렇게나 있어…… **정말 싫다.**

宿題こんなにあるの……もういや。

B 그렇지만 내일까지 하지 않으면, 선생님에게 혼나!

でも明日までにやらないと、先生に怒られるよ！

A **최악이다.** 스마트폰 화면 깨졌어.

最悪。スマホの画面われた。

B 어! 진짜? 수리비 꽤 들 것 같네.

え！マジ？修理代けっこうかかりそうだね。

새 단어 残業 잔업 | もう 이제, 감정을 강조할 때 쓰는 말 | 泣く 울다 | ～そうだ ～(할) 것 같다 | ～すぎる 너무 ~(하)다
宿題 숙제 | でも 그렇지만 | やる 하다 | ～ないと ~(하)지 않으면 | 怒る 화내다
怒られる 혼나다(怒る의 수동형: 화냄을 당하다) | 画面 화면 | われる 깨지다 | 修理代 수리비 | けっこう 꽤, 제법
かかる (비용이) 들다, 걸리다

'맛있다'는 의견을 나타내는

おいしい！

🔊 60-1.mp3

Q やば！なにこれ！
대박! 뭐야 이거!

A ね！本当においしい！
그치! 진짜 맛있어!

おいしい！는 '맛있다!'라는 의미이며, 아래와 같이 다양한 표현으로 사용할 수 있습니다.

● うまい！/うまっ！/うんま！: 짱 맛있다!
그다지 정중한 표현은 아니라서 친구끼리 먹을 때 자주 쓰는 말이에요.
일본에서는 음식을 한입 먹자마자 말하는 경우가 많아요.

● やば！/やばっ！: 대박!
やばい를 짧게 줄인 말이에요.
うまい처럼 친구끼리 먹을 때 쓰는 말이에요.

● なにこれ！: 뭐야 이거!
이게 뭔지 궁금하다는 뜻이 아니에요.
'지금까지 이 정도로 맛있는 것을 먹어본 적이 없다'라는 의미로 사용하는 말이에요.

● 最高！: 최고!
가장 맛있다고 생각할 때 사용해요.

A 이 케이크, 맛있다!

このケーキ、おいしい！

B 응! 이거 굉장히 **맛있네.**

うん！これすっごくおいしいね。

A **짱 맛있다! 뭐야 이거!**

うまっ！なにこれ！

B 응! 대박!

うん！やばっ！

A 역시 인배 쨩의 파스타, **최고!**

やっぱりインベちゃんのパスタ、最高(さいこう)！

B 또 언제든지 만들어 줄게.

またいつでも作(つく)ってあげるよ。

새 단어 すっごく 굉장히(すごく를 강조한 말) | やっぱり 역시 | また 또 | いつでも 언제든지 | 作(つく)る 만들다
~てあげる ~(해) 주다

실제 대화 상황을 통해 PART3의 내용을 복습해 봅시다!

みんなでお昼ごはんを食べに行こう

다 같이 점심 먹으러 가자

 대화를 따라 읽으며 자연스러운 일본어로 말해 봅시다! 🔊 60-3.mp3

ゆか先生！もう①知ってるかもしれないですけど、会社の近くに新しい
ラーメン屋さんできたんですよ。ゆか先生ラーメン好きですよね？

유카선생님! 이미 **알고 있을지도 모르겠지만**, 회사 근처에 새로운
라멘집 생겼어요. 유카선생님 라멘 좋아하죠?

---

 ②うーん。③なんか、今日朝から頭痛いんだよね。

음…. **왠지**, 오늘 아침부터 머리 아프네.

 なるほど、だからそんなリアクションだよね。

그렇구나, 그래서 그런 리액션이군요.

 まあ、④食べられないこともないけど……。⑤せっかくだけど、
今日はやめとこうかな。

뭐, **먹을 수 없는 건 아닌**데……. **고맙지만**, 오늘은 관둘까나.

 その方がいいですね。店員さんめっちゃイケメンだったけど……。

그쪽이 좋겠네요. 점원 진짜 꽃미남이었는데…….

 え？⑥そうなの？③なんか、元気になってきた！行こっか！

어? **그래?** 왠지, 다 나은 거 같아! 갈까!

 （なに、この人……。）

（뭐야, 이 사람…….）

새 단어 もう 이미 | 知る 알다 | 近く 근처 | ~屋 ~집, ~가게 | できる 생기다 | 朝 아침 | 頭 머리 | 痛い 아프다 | だから 그래서
そんな 그런 | リアクション 리액션, 반응 | ~けど ~는데 | やめとく 관두다, 그만두다(やめておく의 줄임말)
~方 ~쪽 | 店員 점원 | めっちゃ 진짜 | イケメン 꽃미남

체크 포인트

① 知ってるかもしれないですけど

상대방이 이미 알고 있을 수도 있는 정보에 대해 이야기할 때는
知ってるかもしれないけど 또는 聞いたかもしれないけど(들었을지
도 모르겠지만)를 말하고자 하는 정보 앞에 붙여서 말해요.

② うーん

고민하는 표정을 지으며 うーん이라고 대답하면 상대방의 말에 대해
동의하지 않는다는 것을 드러낼 수 있어요.

③ なんか

なんか는 '왠지, 뭔가'라는 의미로 사용되는 말이에요.

④ 食べられないこともない

食べられないこともない(먹을 수 없는 건 아니다)라는 말은 '먹을 수는
있다'라는 뜻이에요. ～ないこともない는 자신의 감정을 확실하게
표현하고 싶지 않을 때 사용하는 말이에요.

⑤ せっかくだけど

せっかくだけど는 고마움을 표현하면서 거절할 때 사용하는 말이에요.

⑥ そうなの

そうなの는 예상했던 것과 다르거나 몰랐던 것을 알게 되었을 때
사용하는 말이에요.

실제 대화 상황을 통해 PART3의 내용을 복습해 봅시다!

ゆか先生はラーメンが大好き！

유카 선생님은 라멘을 너무 좋아해!

대화를 따라 읽으며 자연스러운 일본어로 말해 봅시다!

🔊 60-4.mp3

あー！もう、①いらいらする！あのラーメン屋さん行ったんだけど、1時間
待ってやっと食べられると思ったら、「スープがなくなったから今日はお店閉
めます」だって。②むかつくー！

아-! **짜증나**! 그 라멘집 갔었는데, 1시간 기다려서 겨우 먹을 수 있겠구나 생각했더니, '국물이 다 떨어
졌기 때문에 오늘은 가게 닫습니다'라는 군. **열받아**!

えー！③ありえないですね！④もしよかったら、別の店舗行きます？
車で1時間くらいのところにあるみたいですよ。

에-! **말도 안 돼요! 혹시 괜찮으시면**, 다른 점포 갈래요?
차로 1시간 정도의 장소에 있는 것 같아요.

いいね！行こう！

좋네! 가자!

あ、でも午後から会議が……。

아, 근데 오후부터 회의가…….

あー⑤悪いんだけど、会議は明日に変更ってみんなに言っといてくれる？
早くラーメン行こう！

아- **미안하지만**, 회의는 내일로 변경이라고 모두에게 말해 두어 줄래?
빨리 라멘 가자!

大丈夫かな……。

괜찮을까나…….

새 단어 ~けど ~는데 | やっと 겨우 | ~たら ~(했)더니 | 閉める 닫다 | ~だって 라는 군, ~래 | 別 다른 | 店舗 점포
~みたいだ ~(인) 것 같다 | でも 근데 | 午後 오후 | 会議 회의 | 変更 변경 | ~って ~라고 | ~てくれる ~(해) 주다

체크 포인트

① いらいらする

いらいらする는 하고 싶은 일이 뜻대로 안 되었을 때 사용하는 말이에요.

② むかつくー

むかつく는 화가 났을 때 사용하는 말이에요.

③ ありえない

「ある(있다)」와 「えない(~(할) 수 없다)」가 합쳐진 표현으로, '있을 수 없다' 즉, '말도 안 된다'라는 뜻이에요.
동일한 표현으로 信じられない(믿을 수 없다)도 자주 사용해요.

④ もしよかったら

もしよかったら는 상대방에게 무언가를 제안할 때 사용하는 말이에요.

⑤ 悪いんだけど

悪いんだけど는 다른 사람에게 무언가를 부탁할 때 사용하는 말이에요.
여기서 悪い는 '나쁘다'는 의미가 아닌, '죄송하다'는 의미예요.

실제 대화 상황을 통해 PART3의 내용을 복습해 봅시다 !

ごちそうさま！でも……

잘먹었습니다! 그런데……

대화를 따라 읽으며 자연스러운 일본어로 말해 봅시다! 🔊 60-5.mp3

ここのラーメン、おいしいですね！①まあ、②個人的にはもう少し
あっさりした味の方が好きですけど。
여기 라멘, 맛있네요! **뭐, 개인적으로는** 조금 더 담백한 맛을 좋아하지만요.

確かに、③わからないこともないな。ちょっと重いよね。
그러게, **무슨 말 인지 알겠어.** 조금 진하네.

④っていうか、おいしいけど値段高いですよね。
그런데, 맛있는데 가격 비싸네요.

①まあ、他の店に比べたらちょっと高いかなー⑤みたいな感じはするよね。
よし！じゃあ帰ろっか。あの……本当に申し訳ないんだけど……。
뭐, 다른 가게에 비교하면 조금 비싼가 **싶은 듯한 느낌**은 드네.
좋아! 그럼 돌아갈까? 저기…… 정말로 미안한데…….

財布忘れた、ですか？
지갑 놓고 왔다, 인가요?

え、よくわかったね！すごい！さすが！
어, 잘 알았네! 대단해! 역시!

なんでいつも忘れるんですか……。⑥もういいです。お金払っとくんで、
早く帰りましょう。
왜 항상 놓고 와요……. 됐어요. 돈 지불해 둘 테니까, 빨리 돌아갑시다.

새 단어 あっさり 담백한 모양, 산뜻한 모양 ┃ 味 맛 ┃ 重い (맛이) 진하다, 무겁다 ┃ 値段 가격 ┃ 他 다른 것 ┃ 比べる 비교하다
~たら ~(하)면 ┃ 財布 지갑 ┃ 忘れる 놓고 오다, 잊다 ┃ 払う 지불하다

체크 포인트

まあ

① まあ는 문장 맨 앞에 붙여서 대화를 좀 더 부드럽게 만들기 위해 사용해요.
특별한 의미가 있는 말은 아니에요.

個人的には

② 個人的には는 개인적인 의견을 이야기할 때 사용하는 말이에요.

わからないこともない

③ '알지 못하는 것도 아니다' 즉, '알겠다'라는 뜻이에요.

っていうか

④ というか의 회화체 표현이에요.
「ところで(그런데)」처럼 대화의 맨 앞에 붙여서 화제를 바꿀 때 사용해요.

みたいな感じ

⑤ みたいな는 '~인가 싶어서'라는 의미의 표현이에요.
뒤에 感じ를 붙여서 みたいな感じ라고 하면 '~싶은 듯한 느낌'이라는
의미가 돼요.

もういい

⑥ もういい는 특정 주제에 대해 더 이상 이야기하고 싶지 않을 때 사용하는
말이에요.

MEMO

MEMO

MEMO

MEMO